农业对外合作与乡村振兴 系列丛书
Agricultural Foreign Cooperation and Rural Revitalization

浅谈中国农业发展合作的实践与经验

农业农村部对外经济合作中心　编著

中国农业出版社

北 京

图书在版编目（CIP）数据

浅谈中国农业发展合作的实践与经验/农业农村部对外经济合作中心编著. —北京：中国农业出版社，2023.5

（农业对外合作与乡村振兴系列丛书）

ISBN 978-7-109-30749-0

Ⅰ.①浅…　Ⅱ.①农…　Ⅲ.①农业合作－国际合作－研究－中国　Ⅳ.①F323

中国国家版本馆CIP数据核字（2023）第095183号

QIANTAN ZHONGGUO NONGYE FAZHAN HEZUO DE
SHIJIAN YU JINGYAN

中国农业出版社出版

地址：北京市朝阳区麦子店街18号楼
邮编：100125
责任编辑：郑　君
版式设计：杨　婧　责任校对：吴丽婷
印刷：北京中科印刷有限公司
版次：2023年5月第1版
印次：2023年5月北京第1次印刷
发行：新华书店北京发行所
开本：787mm×1092mm　1/16
印张：7.5
字数：130千字
定价：80.00元

《浅谈中国农业发展合作的实践与经验》
编 辑 委 员 会

目 录

第一章
引　言

一、研究背景与研究意义

（一）研究背景

当今世界正经历百年未有之大变局，国内外形势正在发生深刻复杂变化，来自各方面的风险挑战明显增多，新冠疫情全球大流行使这个大变局加速变化，保护主义、单边主义上升，世界经济低迷，全球产业链和供应链因非经济因素而面临冲击，国际经济、科技、文化、安全、政治等格局都在发生深刻调整，世界进入动荡变革期。在此背景下，中国的农业国际合作也在结合国内外环境适时调整，以更加积极主动的大国心态应对全球性农业发展问题与挑战，以中国农业、农村的新发展为世界农业发展提供新机遇，不断惠及各国人民。

当前，复杂的国际环境对中国乃至全球农业发展带来不少新的挑战：第一，新冠疫情等全球性事件使得本就不容乐观的全球粮食安全形势雪上加霜，联合国粮食及农业组织（FAO，以下简称联合国粮农组织）发布的

《2022全球粮食危机报告》显示，2021年有53个国家和地区约1.93亿人经历了粮食危机或粮食不安全程度进一步恶化，比2020年增加近4 000万人，创历史新高；地区冲突等地缘政治因素进一步加重了全球粮食安全形势，全球粮食价格持续走高，已攀升至多年来高位，仅2022年一季度，全球粮食价格就同比上涨近20%，其中小麦价格更是上涨60%。第二，全球气候变化引发更多极端天气现象，政府间气候变化专门委员会（IPCC）发布了第六次评估报告（AR6）第二工作组报告《气候变化2022：影响、适应和脆弱性》指出，更频繁的热浪、干旱和洪水已超过一些动植物的承受极限，导致一些树木和珊瑚物种大量死亡，农业生产的不稳定性越来越高，粮食生产面临的风险加大。气候变化尤其给粮食安全形势本就不容乐观的南亚、东南亚和非洲萨赫勒地区造成更多不良影响，同时这些地区也缺乏适应不断变化的气候条件的能力，进而给全球农业发展带来更多不确定性因素。第三，逆全球化浪潮和贸易壁垒等因素对农业国际贸易与投资构成更为强大的阻力，全球化有助于资本和技术在全球范围内流动，从而促使世界耕地资源得到有效利用，而逆全球化则对全球农业产业链产生阻碍，不利于发展中国家吸引农业投资和开展农业对外贸易；而部分国家推行的贸易保护主义措施尤其是对发展中国家农产品贸易的限制性措施，则进一步阻碍农业国际贸易和投资的顺利发展。第四，当前以世界贸易组织（WTO）规则为代表的诸多农业相关规则仍然存在不平等因素，虽然中国等新兴国家和广大发展中国家极力推动农业国际规则变革和调整，但在复杂的全球格局下，相关进程进展缓慢且效果并不明显，对农业贸易、投资、技术合作、援助等均产生很大阻碍。

面对复杂的全球农业发展现状，中国一直重视开展农业国际合作并推动实现互利共赢，在实践中积累了丰富的成果。特别是党的十八大以来，中国农业国际合作的理念、原则、战略等不断优化调整，农业国际合作在多双边交流、对外贸易投资、科技合作、对外援助和全球农业治理等领域取得了显著成效：

第一，在人类命运共同体理念的指引下，中国的农业国际合作在承认国家与国家差异的前提下，强调人类的整体性，愈加注重国家利益与共同利益的有机结合，从而促使合作原则和基本战略逐步得到优化，从而更为符合当前全球治理发展现状和需求。第二，面对全球经济发展低迷、逆全球化浪潮涌起、保护主义盛行等限制性因素，中国积极推动农业贸易和投资发展，现已成为全球第一大农产品进口国、第五大出口国，在世界农产品贸易中占有举足轻重的地位。2021年，中国农产品贸易额3 041.7亿美元，同比增长23.2%，首次站上3 000亿美元台阶。其中，出口843.5亿美元，同比增长10.9%；进口2 198.2亿美元，同比增长28.6%。第三，在持续提高农业对外开放水平、不断优化农业领域外资营商环境的同时，农业对外投资也取得新的发展，截至2020年年底，农业对外投资存量、境外设立企业数量和覆盖国别分别达到302亿美元、1 010家和108个，投资存量为2015年年底的2.3倍，境外产业链体系持续完善。第四，农业科技合作取得不少新进展。2012年以来，中国累计与80个国家及21个国际组织签署了543份科技合作文件，获得11个引智示范和国际合作基地认证，与52个国家和地区签署了农业科技合作、种质资源交换等协议109份，与150余个国家和地区建立农业科技合作关系，农业科技对外合作体系初步建成。第五，农业对外援助稳步有序推进，并已成为服务国家总体外交大局和参与全球农业治理的重要组成部分。党的十八大以来，中国共向埃塞俄比亚等37个国家派遣农业专家组78个773人次，农业农村部系统累计向23个国家派出225名农业专家，推动新技术转移428项，举办400余期援外来华培训班，开展了百余项农业技术的示范和培训，受训人员超过4万人次，推动近150家农业企业、科研单位与受援国建立合作联系，获得各方好评。此外，中国还积极与包括联合国粮食及农业组织（FAO）、世界粮食计划署（WFP）、国际农业发展基金（IFAD）在内的诸多全球农业治理领域的国际组织强化合作关系，更加注重以多样化手段开展农业南南合作与国际发展合作，积极履行《生物多样性公约》等全球农业治理重要规则，在农业机械、农产品加工、食品安全等领域的国际标准制定工作中发挥更加积极主动的作用，不断推动全球农业治理良性发展。

尤为值得一提的是，自1996年以来中国一直积极参与联合国粮农组织的南南合作计划，并发挥着重要的作用。中国与联合国粮农组织于2006年签署了建立战略联盟意向书，确定了向发展中国家提供技术支持，以及能力发展培训机会的项目模式。自2009年正式设立中国—联合国粮农组织南南合作信托基金以来，中国已宣布向联合国粮农组织捐赠1.3亿美元，截至2021年末，已实施了25个南南合作项目，300多名中国专家在项目东道国采取"授人以渔"的方式，分享中国经验和技术，帮助其他发展中国家进一步提升了粮食安全水平和农业综合生产能力，10万小农直接受益并有数百万小农间接受益，为世界粮食安全和减少贫困做出了积极贡献[①]。南南合作逐步发展为中国农业国际合作的重要组成部分，成为中国与广大发展中国家开展农业合作的重要平台和行动机制，也成为创新农业合作方式的重要平台。

在此背景下，需要进一步厘清中国农业国际合作的基本情况，对宏观战略和政策演变、组织机制沿革、南南合作等重点合作领域、历史性成绩和主要经验等进行系统的整理与分析，以便进一步优化和完善相关政策，持续推动农业国际合作在全球变局中稳步发展，同时也推动全球性农业发展问题得到更为有效的应对。

（二）研究意义

通过对中国开展农业国际合作的基本情况进行梳理和分析，一是可以更好地结合国际国内形势明晰农业国际合作在基本理念、宏观战略和主要政策等方面的演变及未来发展方向；二是有助于呈现出农业国际合作基本的地区分布、部门分布等内容，对农业科技合作和人文交流、农业领域国际援助和发展合作等进行系统性整理；三是有助于明确中国开展农业国际合作的主要机构及其工作机制，便于向国际社会展示中国农业国际合作的基本架构；四是通过对南南农业合作等重点领域进行分析概括，并重点关注中国与联合国粮农组织在农业南南合作方面的诸多成功实践，呈现出中国在农业领域开展国际发展合作与国际援助的基本情况。

---

① 农业农村部网站，http://www.moa.gov.cn/xw/zwdt/202201/t20220112_6386803.htm。

总体而言，对中国农业国际合作的系统性归纳和整理，将有助于进一步结合全球农业发展现状来更为清晰地描绘出中国农业国际合作基本情况，为深化宽领域、多层次农业合作奠定基础，也为与其他既有合作伙伴和更多可能的合作伙伴开展卓有成效的农业合作提供帮助，助力全球性农业发展问题得到有效应对，同时也推动中国自身农业发展步伐不断加快。

二、研究目标与研究方法

（一）研究目标

本书主要从三个层次对中国的农业国际合作进行深入研究。第一，结合宏观政策文件、统计数据、学术研究成果等内容，归纳总结出在全球变局下中国开展农业国际合作的基本情况，呈现出理念、战略、政策、指导原则等的发展变化情况，概括出目前农业国际合作管理机制的基本架构，并重点对南南农业合作等重点领域进行分析。第二，总结中国开展农业国际合作的主要做法和基本经验，客观呈现出农业国际合作取得的重要成果及其影响，特别是对保障粮食安全、促进农业贸易与投资、强化农业科技合作、提升全球农业治理能力、改善农业对外援助效果、优化农业国际合作体制机制等方面进行重点分析。第三，结合全球发展格局和中国农业农村发展现状与现实需要，总结农业国际合作在特定领域取得成功的主要经验。

（二）研究方法

为实现上述研究目标，本书主要采用资料分析法、案例研究法、预测分析法等研究方法。一是重点通过资料分析法系统地收集、整理和分析国家层面制定的与农业国际合作相关的宏观战略、政策等，从而为了解农业国际合作的理念与战略演变等提供基础，并结合对官方统计数据、公报等的分析和整理，分析中国农业国际合作的地区和部门间分布情况，并概括所取得的主要成果。二是重点采用案例研究法对相关人员进行访谈以及对相关新闻报道、文献资料进行汇总整理，呈现出中国农业国际合作在组织架构方面的基本情况，梳理其中相关的职能部门、机构安排等信息，以便清晰呈现出整体性的组织机制。三是通过对中国农业合作基本情况、组织机制等方面的分析，采取预测分析法并结合全球农业发展形势和整体全球背景，总结中国农业国际合作的主要经验、未来发展趋势等，可为更好地开展农业国际合作提供参考。

第二章
中国农业国际合作的演变与流向

　　自20世纪50年代对非洲等的发展中国家提供农业领域对外援助开始，中国开展农业国际合作的领域不断扩大，农业合作的总体战略也随之不断调整。目前，《中华人民共和国国民经济和社会发展第十四个五年规划和2035年远景目标纲要》及《"十四五"推进农业农村现代化规划》为农业农村发展和农业国际合作确立了"保供固安全、振兴畅循环"的基本工作定位；《"十四五"农业农村国际合作规划》进一步明确了今后一个时期农业国际合作的指导思想、基本原则和主要目标，明晰了"十四五"期间农业国际合作的空间布局、市场布局和产业布局，明确了对外合作的重点任务和政策举措；而《新时代的中国国际发展合作》白皮书则为中国开展农业国际援助和发展合作明确了一系列方向，确立了以人类命运共同体理念为引领，以坚持正确义利观为基本价值导向，以南南合作为基本定位，以共建"一带一路"为重要平台，以帮助其他发展中国家落实联合国《2030年可持续发展议程》为重要方向。可以说，中国开展农业国际合作的总体战略及相关政策正在逐步趋于完善。

一、合作理念与宏观战略等方面的演变

总体来说，自20世纪50年代以来，伴随着国际国内形势的发展变化，中国的农业国际合作主要经历了四个发展阶段，不同阶段的主要理念和宏观战略也各有差异。

1. 起步阶段

这一阶段自20世纪50年代至70年代末期，援助在农业国际合作中发挥了重要作用，广大非洲国家和其他发展中国家成为中国开展农业国际合作特别是农业援助的重要合作对象，中国政府主要向非洲等地区的发展中国家提供无偿农业援助。援助方式包括建设示范农场、农业技术试验站和推广站、农田水利工程项目以及派遣农业技术专家等。中国先后帮助非洲国家实施了近180个农业项目，其中比较著名的农业项目有坦桑尼亚的姆巴拉利农场和鲁伏农场、乌干达的奇奔巴农场和多禾农场、刚果(布)的贡贝农场、扎伊尔的恩吉利实验农场、加纳的水稻和棉花农场、马里的甘蔗种植园以及毛里塔尼亚的姆颇利农场等。从资源流向来看，主要从中国流向非洲等的发展中国家，对于中国而言是一种单向的利他型合作，并且为巩固和发展社会主义营造更好的国际环境。

2. 探索调整阶段

这一阶段自20世纪80年代到21世纪初，改革开放政策的实施推动农业国际合作从单一的利他行为开始向互利共赢转变，农业国际合作的相关政策进行系列调整，对外政策的基本点之一就是不断加强和扩大同世界各国的友好合作，并且更加强调平等互利、共同发展，合作途径和方式上更加多样。这一时期又可细分为两个阶段。第一个阶段到20世纪90年代中期，在总结前期农业国际合作经验，特别是农业领域援外项目持续性不高且受援国产生依赖心理等情况，中国开始适度压缩对外援助的规模并对已有农业援助项目进行改造，开始注重引入市场机制，并将国内行之有效的承包责任制运用到农业援外项目上，不断提升援助项目可持续性并促进受援国

农业及其他产业发展。第二阶段从20世纪90年代中期到2000年，中国政府在农业领域的对外援助逐步加大，同时，随着中国经济的不断发展，帮助受援国解决急切的粮食安全、饥饿、贫困等问题的同时，更加注重以切实行动提升受援国农业发展可持续性，通过更加务实有效的农业贸易与投资等活动带动受援国整体经济发展。总体来说，中国农业国际合作在这一时期伴随着改革开放的大潮而更加注重务实合作，合作的理念愈加注重合作共赢和可持续性发展。

3. 深化发展阶段

这一阶段自2000年至2012年，伴随着中国加入世贸组织和中非合作论坛等多双边合作机制的建立，农业国际合作取得了一系列成果。其一，中国逐步成长为全球重要的农业贸易大国和农业投资国，农产品贸易规模稳步扩大，据统计，中国的农产品贸易额由2000年的242.8亿美元增加到2012年的1 757.7亿美元，成为世界第三大农产品贸易国；农业对外投资由2007年的2.7亿美元增长至2012年的14.6亿美元，直接和间接带动东道国数十万人就业。其二，多双边合作机制稳中有进，到2012年，中国已经与140多个国家以及主要国际农业机构和金融组织保持长期稳定的农业合作关系，在农业相关领域持续推进更为务实的多双边合作。其三，农业科技合作不断发展，与有关国家、国外农业机构和国际组织先后建立了60多个联合实验室和国际科技合作中心，吸引一批国际农业科研机构在中国建立研发中心，同时还依托重大联合研究项目进行全球农业科技交流与推广。其四，愈加注重提升发展中国家的农业国际话语权，在国际粮农领域和区域农业合作机制中推动发展中国家的合理诉求得到更多关注和落实。此外，借助中非合作论坛、中国—阿拉伯国家合作论坛等多边合作机制以及联合国粮农组织等联合国机构强化农业对外援助工作。这一阶段，中国开展农业国际合作开始初步彰显出大国形象，并将合作、发展和互利共赢作为根本原则，从而促使中国农业的国际地位和影响力不断提升，为全球农业发展发挥了重要作用。

4. 参与全球农业治理阶段

这一阶段从2013年至今，在全球经济复苏乏力、保护主义和单边主义盛行、局部冲突和战乱频发、全球气候变化加剧、传统多边合作机制有效性下降等更为复杂的国际局势下，中国开展农业国际合作的总体方向更多地体现出对全球农业治理和全球治理的关注。目前，中国的农业国际合作呈现出全面推进、多角度发力的特点。

其一，中国在农业贸易和投资领域取得较快发展。一方面，不断提高农业领域对外开放程度，吸引外资投入中国农业领域，健全符合世界贸易规则的外商经营农产品和农业生产资料准入制度，按照《外商投资产业指导目录》优化进入农业领域的外资投向。另一方面，积极开展农业对外投资和贸易活动，扩大农业对外合作与交流，实现互利共赢。截至2020年年底，农业对外投资存量达到302亿美元，与全球26个国家和地区签署19个自贸协定，农产品市场开放程度达到90%以上。农业成为自由贸易试验区、中国国际进口博览会等开放制度设计和平台载体的主要内容之一，尤其是对发展中国家和重债穷国的农产品进口给予相应优惠，有效带动相关国家农产品对外出口。

其二，在开展传统双边农业援助的基础上，不断强化与联合国粮农组织等多边国际组织的合作，自2008年捐款3 000万美元设立第一期中国—联合国粮农组织南南合作信托基金以来，先后于2014年和2020年2次增加捐款额度，现已累计捐款1.3亿美元，在中国—联合国粮农组织南南合作框架下向非洲、亚洲、南太平洋、加勒比海的30多个国家和地区派出农业技术专家，并探索出不少成功的援助方式和实践案例。中国还推动联合国世界粮食计划署(WFP)在华设立南南合作卓越中心并启动农业南南合作项目，惠及近30个发展中国家100万农户。国际马铃薯中心亚太中心(CCCAP)、联合国可持续农业机械化中心(CSAM)、国际农业研究磋商组织(CGIAR)驻华机构等在华成功运营。

其三，面对农业国际合作所处的复杂环境，中国政府开始更多地主动发力：一方面，积极参与多双边农业贸易谈判和涉农国际规则制定，表达发展中国家在农业发展方面的声音，推动建立公平合理贸易秩序；另一方面，运用符合世界贸易组织规则的相关措施，积极应对国际贸易摩擦，完善农产品进出口贸易调控机制，以实际行动为稳定全球农业贸易提供支持。同时，借助"一带一路"倡议等新的国际合作理念，中国开展农业国际合作不仅取得了更多新的成果，同时更加注重对全球性农业发展问题的关注。目前，中国累计与世界140多个国家开展了广泛的农业合作，与94个国家建立了稳定的农业合作关系，仅共建"一带一路"沿线国家便有80余个与中国签署了农渔业合作协议，并将解决全球性农业发展问题作为合作的重要组成部分。

总体而言，自"一带一路"倡议提出以来，尽管世界处于百年未有之大变局之中，农业的稳定发展面临诸多不确定性，但中国的农业国际合作取得了诸多新进展，成效显著，成果颇丰，并逐步形成了贸易、投资、科技合作、援助、南南合作等齐头并进的发展模式，更加注重发挥中国经验和中国智慧来应对全球农业发展所面临的诸多挑战，并以实际行动助力全球性农业发展问题得到解决，中国在全球农业治理中开始扮演更为积极主动的角色。现阶段，中国开展农业国际合作基于人类命运共同体理念，依托"一带一路"倡议和全球发展倡议等新思想，不断强化对全球公共产品的供给，促进发挥在农业领域的积极作用。

二、具体政策和指导原则的愈加明晰

自20世纪50年代以来，虽然农业是开展国际合作的重要领域，但国家层面较少有专门针对农业国际合作的具体政策和指导原则，特别是改革开放以前，由于中国农业发展水平低、农村人口规模庞大、解决贫困和饥饿等问题任重道远，农业国际合作并未受到足够重视。改革开放以来，以农业科技合作为重点，相关政策、规划和指导原则也不断明晰并适时调整。

新中国成立初期至改革开放前夕，如20世纪50—60年代，基于当时的国际环境和中国对外方针，数以百计的青年学生和教育、科研人员被派往苏联和东欧各国攻读农业工程学科有关专业的副博士、学士学位或进修实习，一大批苏联和东欧各国农业工程专家和技术人员曾到中国高等学校、科研机构讲学和指导工作，对中国农业工程产业和技术的发展，产生了重要的影响^①。中国也通过派遣代表团、考察团等方式到苏联等社会主义阵营国家学习农业技术推广模式、农业教育体制、农业国际合作模式等，从而在社会主义的发展初期借鉴国际经验来提升农业发展水平，特别是促进农业技术的进步。

改革开放以后，中国更加认识到自身农业大国的地位以及农业生产力水平不高的现实情况，并通过一系列实际行动强化在农业科技领域的合作，特别是在20世纪90年代中期以前，农业国际合作更多为科技领域的"引进来"和学习国际先进经验。例如，1978年，中国积极与联合国粮农组织开展对接，并依托联合国粮农组织的支持在江苏省无锡市建立了亚洲太平洋地区综合养鱼研究和培训中心，积极从国外引进了罗非鱼、虹鳟鱼、白鲫鱼等新的鱼类品种；1979年，为了学习国际先进经验并促进中国的农业现代化发展，中国农业部门在人力物力十分紧张的情况下创办了《世界农业》期刊，重点介绍国外在农业领域的最新进展。类似的技术合作案例在改革开放初期呈现井喷式发展，促使中国的农业技术水平得到提高。但在此期间，国家层面的经济社会发展计划、农业发展计划等几乎少有提及农业国际合作，更多关注解决中国农业农村发展面临的保障粮食安全和提升农业生产力等问题，吸引外资和开展对外投资的相关政策也较少提及农业。

自21世纪初开始，特别是中国加入世贸组织以来，中国对农业国际合作的重视程度不断提高。中国有关农业国际合作的宏观规划和政策文件开始增多，尤其是农业部门结合国家层面的五年规划制定了一系列与农业国际合作相关的规划。这一时期，受到中国加入世贸组织的广泛影响以及国内国际农业贸易与投资环境的变化，中国在具体农业规划和政策中大量提及农业贸易、投资的相关内容。例如，《全国农业和农村经济发展第十一个五年规划(2006—2010年)》专门对农业国际合作进行了一系列论述，提出要积极扩大农业对外开放，加强农业国际交流与合作，进一步扩大农产品国际贸易。此外，农业部门还专门制定了《农业国际合作"十一五"发展规划》，明确了农业国际合作的指导原则、总体目标任务。这期间，中国在农业国际合作方

---

① 汪懋华.加强国际交流开拓中国农业工程科技工作新局面[J].农业工程学报，1989(3):8-11.

面不仅关注本国发展，也开始更多地将目光转移至解决全球性农业发展问题，并开始积极探索农业国际合作的新方式、新路径，致力于在促进本国农业发展的同时为全球农业发展注入活力，特别是关注发展中国家的农业发展问题。

自2012年党的十八大以来，伴随着农业国际合作的快速发展，相关政策不断完善，并确立了更加清晰的指导思想、合作原则和目标。例如，《农业国际合作发展"十二五"规划》指出，农业国际合作要"统筹国内国际两个大局，坚持把提高农业对外开放水平作为基本方向，把谋求合作、发展和互利共赢作为根本原则"，并且要大力推进农业国际合作发展方式转变。

尤为重要的是，自"一带一路"倡议提出以来，中国在农业国际合作方面有了更为宏观的战略支撑，相关政策和实践也随之更为丰富。首先，"一带一路"倡议为农业国际合作提供了更为丰富和具体的战略指引，作为推动构建人类命运共同体总体治理架构的一部分，其以共商共建共享为原则，以和平合作、开放包容、互学互鉴、互利共赢的丝绸之路精神为指引，以政策沟通、设施联通、贸易畅通、资金融通、民心相通为重点，并且已经从理念转化为全球广受欢迎的公共产品，在"一带一路"倡议的引导下，中国开展农业国际合作开始向全球农业治理转型发展。其次，"一带一路"倡议促成了一系列国际合作文件的签署，截至2022年7月，中国已经同149个国家和32个国际组织签署200余份共建"一带一路"合作文件，与相关合作方在经贸、农业等领域达成一系列重要成果和共识，成为推动农业国际合作的重要催化剂。最后，"一带一路"倡议促成了一系列农业国际合作机制。例如，"一带一路"国际合作高峰论坛等多边合作机制成为中国与沿线国家就农业等诸多领域开展合作的重要平台，2017年5月农业部等四部委联合发布的《共同推进"一带一路"建设农业合作的愿景与行动》有力推动了与沿线国家开展农业合作，共同促进农业可持续发展。此外，伴随着"一带一路"建设的深入推进，在既有高级别论坛的基础上，一系列新的论坛等合作机制也不断出现，例如，由联合国粮农组织和全国农业科技创业创新联盟等6家相关机构联合主办的"一带一路"农业农村发展论坛、中国农业农村部和东盟国家联合举办的"一带一路"(东盟)农业投资合作论坛等,成为中国与"一带一路"沿线国家就农业发展及减贫合作领域等开展深层次交流与合作的重要创新平台。

三、农业领域的国际发展合作及流向

自新中国成立以来,在致力于自身发展的同时,中国向亚洲、非洲、拉丁美洲、加勒比、大洋洲和东欧等地区120多个发展中国家提供了力所能及的经济援助和各项技术援助。70多年来,农业援助日渐成为中国对外农业合作的一大特色,中国对外援助促进了受援国的经济和社会发展,加深了双边友好关系,树立了南南合作的典范。新时代中国对外援助正在向发展合作转型,并致力于进一步增强受援国自主发展能力,努力提高农业领域发展合作的针对性和实效性。

(一)中国开展农业领域发展合作的概况

中国农业对外援助开始于20世纪50年代向非洲国家提供发展援助范畴的无偿粮食援助和农业技术援助,经过近70年的发展,中国农业对外援助在波动中持续发展,已成为发展援助和国际发展合作的重要组成部分。尤其是人类命运共同体理念和"一带一路"倡议的提出,促使农业领域的多双边合作机制更为丰富和完善,并不断加大对非洲等众多发展中国家的农业支持力度,中国的农业领域发展合作现已进入新的阶段。

1. 中国农业对外援助发展进程

中国农业对外援助始于20世纪50年代,主要经历了三个发展阶段。一是单向援助为主阶段(20世纪50—70年代),主要特点是立足周边区域提供单方面的援助,支持受援国在农业领域的独立自主发展,此阶段的援助大大改善了受援国农产品的供需情况,深化了中国与受援国的双边友好关系。二是互利合作探索阶段(20世纪80—90年代),改革开放后,中国把加强和扩大同第三世界国家的友好合作作为对外政策的重要内容,进一步加强了对最不发达国家的援助力度。为巩固援助成效，中国与受援国开展了多种形式的互利合作，特别是社会主义市场经济体制改革后，中国设立援外合资合作项目资金，用于支持国内中小企业与受援国企业在生产经营上开展投资合作，初步探索了按照市场经济规律开展对外援助的做法。三是全面深化合作阶段（进入21世纪），中非合作论坛的成立标志着中国农业对外援助进入了全面拓展的崭新阶段，在此框架下提出的"八项举措"以及"十大合作计划"成为加快非洲经济发展的重要驱动力，通过援助和经贸合作并重，实现对受援国更加持续、更有成效的带动。

2. 中国农业对外援助主要内容

中国农业对外援助从物资援助开始，立足受援国实际需求，内容不断丰富延伸，新时期主要包括五个类别。一是建设示范农场、农业技术示范中心、农业技术试验站和推广站。通过新品种、新技术、新模式、新理念的试验示范，与受援国分享中国的先进实用技术和改革开放以来积累的成功经验。二是兴建农田水利工程。配合受援国开展基础设施和水利工程建设，完善产业配套，积极促进当地农业发展和改善民生。三是提供粮食及生产资料援助。在发生紧急状况时，向受援国提供一定数量的粮食或农机、种子、化肥、农药和疫苗等农用物资援助。四是派遣农业技术人员和高级农业专家组。通过多双边渠道派出农业专家，赴受援国传授农业生产技术、经营理念和管理经验，提供农业发展咨询，强化对受援国的智力支撑。五是开展援外培训。聚焦人力资源开发，以"授之以渔"方式为受援国培训农业专家、技术人员、管理人员和农民，提高受援国自主发展能力。

3. 中国的农业对外援助地位不断凸显

长期以来，由发达国家组成的发展援助委员会（DAC）在国际发展合作领域占主导地位。《联合国第三个发展十年的国际发展战略》提出，发达国家提供的官方援助应该达到国民收入的0.7%，但数据表明近年来该比例仅维持在0.3%左右，且2016年以来一直呈现下降趋势。从总的援助规模来看（包括官方援助及私人援助），2018年发展援助委员会的援助降至2 918亿美元，同比下降49%，对需求最高的非洲的援助下降了83%。英国曾是第一个履行0.7%承诺的国家，是执行国际发展战略的表率，却在2020年宣布外交部与国际发展部两个部门合并，再次引发国际社会对全球发展合作的担忧。随着新冠疫情蔓延，全球多数国家都采取了一系列隔离封锁或出入境管控措施，要素、产品、人员流动受到影响，给包括农业在内的全球产业链、供应链带来冲击，特别是南美、北美、欧洲等全球粮食和猪肉主要生产国疫情形势严峻，加上其他地区的虫灾、干旱等，波及全球农业生产。《2022年全球粮食危机报告》指出，2021年53个国家和地区中将近1.93亿人面临粮食短缺威胁，较2020年增加了近4 000万人，援助需求大幅增加，但受全球经济下行压力影响，发达国家发展合作开倒车的趋势凸显，供需矛盾加大。中国于2018年正式组建了国家国际发展合作署，专门负责对外援助的统筹谋划，与发达国家合并国际发展合作部门的行为正好相反。随着"一带一路"倡议和人类命运共同体理念的稳步推进，中国正在抓住国际格局重塑的机遇，充分发挥对外援助"中国模式"的优势，逐步扩大对外援助规模，提升援外层次和效果，为缓解饥饿问题做出更大贡献，增强对国际社会的影响力。中国开展农业对外援助主要有三个方面的目标：一是提高受援国的农业生产能力及粮食安全水平；二是通过多元化途径向受援国传播适用技术；三是进一步拓展中国与受援国的双边合作，强化农业领域经贸与投资往来。

（二）中国农业领域发展合作的主要流向

经过近70年的探索与实践，农业领域发展合作逐步成为中国符号的一部分，形成了独特的"中国模式"，极大地提高了受援国农业生产水平，推动了低收入国家经济社会的发展。作为中国开展国际发展合作的重要组成部分，农业项目数占援外成套项目总数的10%左右，使用资金占援外资金总额的2%左右。

1. 加强农业技术援助，推动受援国提升农业生产力

在中国对外传播的农业技术中，杂交水稻技术具有很好的代表性，早在20世纪80年代，杂交水稻技术便开始传播到国外。截至2018年年底，中国

向全球28个国家和地区推广了杂交水稻种植技术，目前有40多个国家和地区种植了杂交水稻，种植面积超过700万公顷，平均增产20%以上，年增产量可以养活3 000万人，为受援国粮食增产和减少贫困提供了重要支撑。而中国在非洲等国家援建的农业技术示范中心项目则将企业化生产经营模式与援助项目结合，在提供农业生产技术等多方面援助的同时依托示范中心的自主经营来提升可持续发展能力，从而保障援助项目在中国资金支持停止后仍然能够运行。目前，中国已经帮助非洲国家建成了20多个农业技术示范中心，示范中心的试验研究、人员培训、技术推广等功能逐步发挥，一批受援国学得会、用得上、离不开的中国实用技术已经应用于非洲的农业生产之中。例如，苏丹示范中心持续推动棉花新品种研发，新品种的种植面积占到苏丹全国的95%；埃塞俄比亚示范中心近两年累计培训当地农民1 000多人次。

此外，派遣农业技术专家组是中国农业援外过程中经过长期实践证明较为有效的一种模式，通过选拔国内的农学、畜牧、植保、育种、农经等多领域专家组建起专家团队，由中国政府和受援国以及其他国际发展合作机构提供专家工作条件和经费等保障，在受援国开展多维度的农业技术试验示范和推广，助力受援国农业技术进步。截至2019年年底，共向37个亚非国家派遣了81个农业技术专家组，808人次，为有关国家试验并推广高产新品种，指导农民提高生产能力，增强发展信心。例如，援格鲁吉亚蔬菜大棚种植技术合作专家向农户推广日光温室种植技术，提高了当地农业产量，解决了当地蔬菜难以自给自足的难题。

2. 加强基础设施援助，改善受援国的农业发展基础

改革开放40多年来，中国在消除贫困和促进农业农村发展方面取得的成就是举世公认的，中国发展的经验表明，农业基础设施建设对提高农业生产率以及促进农业整体发展极为重要。在不断强化本国农业基础设施建设的同时，中国开始更多地将本国经验传播至其他发展中国家，并加大对农业基础设施的援助力度。近年来，中国开展了不少成效显著的农业基础设施援助项目。例如，为吉尔吉斯斯坦、乍得等国援助农业灌溉系统改造项目，提供

农用机械设备和物资，缓解农业生产物资短缺问题；在老挝、巴基斯坦、埃塞俄比亚、肯尼亚、乌干达等国遭受蝗灾等自然灾害时及时援助，帮助快速恢复农业生产；帮助柬埔寨编制农业发展规划，支持柬埔寨芝格楞河水资源发展项目，使其灌溉用水保证率达到80%，水稻种植由单季提高到两季。中国援助的吉尔吉斯斯坦灌溉系统改造项目，提高了当地2.2万公顷土地的供水保证率，4万农民因此受益；为马达加斯加援建了200口水井，解决了约20万农村贫困人口的用水问题；为老挝修建了30个村庄的供水系统，显著提高了农民的生产生活水平；实施了援赞比亚日加工能力40吨的玉米粉加工厂项目，提升了当地社会的玉米粉加工技术；启动了援东帝汶粮食加工和仓储设施项目，将建成两座5 000吨产区储备粮仓，对于满足当地和周边地区用粮需求，完善受援国粮食生产、供给和流通体系意义重大。同时，中国还立足受援国需求，向受援国捐赠了大量的种子、化肥、农药以及农机具和加工仓储设备等生产资料，支持受援国农业生产。在部分国家遭遇粮食危机时，及时向受援国提供粮食和物资援助，帮助受援国克服粮食短缺困境，当前中国已经成为全球最大的粮食援助捐赠国之一。

农业农村部对外经济合作中心张陆彪主任带队赴柬埔寨开展援柬埔寨农业发展规划项目调研

中国政府向肯尼亚提供紧急粮食援助

3. 提供人才培养支撑，努力做到"授人以渔"

人才资源是提升受援国自主发展能力的关键。据统计，截至2020年年底，在华举办400多个培训班，来华参加培训的农业官员与技术人员数量超过5万名，直接受益人20万人次，学员范围覆盖非洲、拉美和加勒比海地区、亚洲、欧洲和大洋洲，为强化受援国农业发展的内生动力贡献了力量。这些培训班大多针对发展中国家的政府官员、农业科研专家、农业技术推广人员等不同类型的从业者，由中国政府为其提供来华学习期间的费用。截至

科特迪瓦水稻技术培训班结业留念

2021年，贝宁的培训班已经开展了三期，2019年围绕玉米高产技术培训了190名学员，推动了玉米实用技术和种植规范在实践中的应用；科特迪瓦的水稻技术培训班已经持续了四期，共培训学员270余人，为科特迪瓦实现水稻自给自足的战略目标提供了重要支撑；卢旺达热带粮食作物培训班已进行了两期，共为卢旺达培训学员500名，显著提高了热带粮食作物的生产加工技术水平。援外培训是中国与受援国开展人力资源开发合作的重要载体，并成为传播中国先进农业管理经验和农业生产技术的重要途径。

中国热带农业科学院专家为卢旺达农户讲解木薯生产技术

4. 农业成为成套援助项目的重点领域

据统计，2013—2018年，中国共援助建设成套项目423个，重点集中于农业和基础设施等领域，并且针对发展中国家农业基础设施落后、农产品深加工基础薄弱等情况，更加注重对农田水利等基础设施建设项目和农业加工项目的支持（表2-1）。同时，2013—2018年，中国共在95个国家和地区完成技术合作项目414个，其中包括不少农业种植养殖项目。例如，2018年澜沧江—湄公河合作专项基金（Lancang-Mekong Cooperation Special Fund）支持"贵州山地特色农业技术助推澜湄区域减贫示范"，研究重点包括贵州特色辣椒品种、珍稀食用菌、红心猕猴桃等农作物在澜沧江—湄公河合作流域的示范栽培，以及中国西南地区特色农业技术在澜湄流域推广的经济效益评估。中国广西壮族自治区在湄公河流域设立了中国（广西）—东盟农作物优良品种试验站项目，为相关国家引进农作物试验试种300多个，筛选适合当地种植的品种和提纯复壮品种共30个、累计示范推广面积超过6万亩。

表2-1　2013—2018年中国实施的成套援外项目情况

行业	项目数量	行业	项目数量
农业	19	工业	5
其中：农业示范中心	5	应对气候变化	13
农田水利	2	其中：风能、太阳能	10
农业加工	6	沼气	1
其他	6	小水电	2
社会公共设施	306	经济基础设施	80
其中：医院	58	其中：交通运输	56
学校	86	广播电信	13
民用建筑	19	电力	6
打井供水	20	其他	5
公用设施	60	合计	423
其他	63		

资料来源：《新时代的中国国际发展合作》白皮书。

四、中国农业领域发展合作的分布

随着中国农业国际合作的发展变化，在合作的重点领域、重点地区方面均呈现出一定的特点。除前述的农业国际援助已经具备明显的中国特色且重点关注非洲等发展中国家的粮食安全和消除贫困等问题以外，中国在农业科技合作、支持发展中国家农业发展等方面均有所侧重。同时，针对不同国家和地区，也在逐步形成重点合作方向。

（一）强化农业科技合作

随着全球农业的发展以及国内外粮食安全等形势的变化，中国愈加重视开展农业科技合作，促进本国农业发展的同时也支持其他国家的农业生产力水平不断提升。近10年来，中国农业部门及相关方以联合实验室、海外农业研究中心、合作基地等为抓手，推动与诸多国家在农业科技领域的多层次合作，并以农业科技国际合作推动构建公正合理的全球农业治理秩序。向亚非国家派遣农业专家（教师）组，深入田间地头、学校课堂，开展百余项农业技术的示范和培训，稳定当地农业生产，提高农民收入，并借助"一带一路"倡议为全球农业科技进步做出积极贡献。

1. 农业科技领域的对外合作机制不断完善

仅在"十三五"时期，中国就与52个国家和地区签署了农业科技合作、种质资源交换等协议109份，与150余个国家和地区建立了农业科技合作关系，与美国、加拿大、德国、法国、日本等60多个国家建立了双边农业科技对话机制。与联合国粮食及农业组织、世界动物卫生组织、国际应用生物科学中心、国际农业研究磋商组织等国际组织机构的合作进一步加强，针对非洲猪瘟、草地贪夜蛾等重大动植物疫病，邀请国际知名专家会诊，探索农业国际交流合作新模式。积极参与二十国集团（G20）农业首席科学家会议、亚太经合组织（APEC）农业技术合作工作组等机制工作等。

2. 农业科技协同创新水平有效提升

截至2019年年底，中国政府支持共建联合实验室或联合研究中心100多个，世界卫生组织、联合国粮食及农业组织、世界动物卫生组织等在中国认证了22个国际参考实验室（中心），共享农业科技经验和成果，促进国内农业科技自主创新，有效提升了中国与国际优势力量的协同创新水平。中国科研教学单位与国际农业研究磋商组织下属中心共同建立了25个联合实验室（中心）。例如，2016年中国农业科学院与国际水稻研究所共建的"基因促进水稻品质提升"联合实验室，联合开展3 000份水稻基因测序，相关结果在 *Nature* 发表。

3.农业现代化建设得到更好的科技支撑

2015年以来，中国政府和相关科研院所围绕保障国家粮食安全和产品供给，强化技术引进，仅中国农业科学院和中国热带农业科学院引进优异特色粮棉油作物、果蔬花卉、特色畜牧水产种质资源及优良品种就有5万多份，极大地丰富了中国品种资源库，为农业生产和育种研究提供了多样化的材料来源。围绕服务现代农业发展，引进一批高新技术和装备，使中国农业科技研发时间缩短了10～15年，研发经费节约30%～50%。

4.更加注重农业科技领域的人才交流

2015年以来，依托国家外国专家局引智专项，在重大动物疾病防控、农产品质量安全、农业资源环境保护与污染治理、遗传育种等领域，引进370多位外国专家来华工作。同时，设立特聘专家、客座专家、特聘院士等岗位，全国农业科学院系统单位累计引进外国科学家超过600人次，其中有7名外国专家获得"中国政府友谊奖"等。

5.依托农业科技力量积极参与规则制定

充分利用国际食品法典农药残留委员会主席国平台，先后主持制定了茶叶、水稻等重要农产品农药残留限量国际标准11项；积极履行《生物多样性公约》，发挥畜禽遗传资源大国优势，参与畜禽遗传资源保护与开发利用领域相关国际规则制定；主持参与泡菜、发酵肉制品、蜂王浆等农产品加工领域国际标准制定；推动农机标准互通和检测结果互认，积极引领亚太区域农机试验标准制定，已完成手扶拖拉机、喷雾喷粉机、水稻插秧机三个试验标准规则制定。

（二）加强对发展中国家的农业支持

就国家和地区分布来看，中国当前的农业国际合作涉及范围广泛，近年来，中国开展国际发展合作的规模持续扩大，农业成为重要合作领域，中国向以非洲、亚洲为主的发展中国家提供了大量支持。

1.撒哈拉以南非洲长期以来一直是中国农业对外援助的重点区域

中国与非洲的农业合作开始于20世纪50年代末。自1959年中国首次向几内亚提供无偿粮食援助10 000吨以来，非洲一直是中国对外援助的重点区域。20世纪60—80年代初，中国在非洲兴建了87个农业项目、16个水利项目，向大多数非洲国家提供了农业援助，包括农业技术试验站、推广站和农场等，占中国对外农业援助项目总数的一半。即便是在中国大规模削减对外援助规模的1980—1990年，中国仍继续为非洲提供新贷款，并对多个非洲国家免除债务，中国高层领导对非洲的访问有所增加。但是，这一时期，国际社会对中国在非洲的活动并未十分在意，一些研究者甚至认为中国只是一个中等国家，在国际政治上影响较小，但中国已经奠定了介入非洲的基石。2000年以来，这种情况发生了变化，在中非合作论坛框架下，中非农业合作出现了诸多新发展。

中国专家帮助尼日利亚建设的低压管灌节水工程

就具体对非援助内容来看，除前文所述中国在非洲援建农业技术示范中心外，中国还通过派遣农业技术专家和组织农业援外培训班来示范和推广中国的农业技术。例如，2006—2009年，中国共向非洲33个国家派出了104名高级农业技术专家；2009—2012年，中国向非洲派出了206名农业技术专家；2021年，中非合作论坛第八届部长级会议开幕式上，习近平主席宣布中国将继续向非洲派遣500名农业专家。中国派出的农业技术专家从类型上分为高级农业专家和农业技术员，派出专家的数量和领域通常由受援国提出要求，中方按照其需求选派合适的专家。选派专家主要来自高校、农业科研院所和各级农业技术部门，在服务领域上，以种植业和农产品加工为主，覆盖蔬菜、园艺、农机、养殖、水利、畜牧以及农业政策规划制定等各个方面，向非洲国家传授实用农业生产技术和管理经验，提高非洲国家农业宏观调控能力和自主发展能力；专家选拔通过网上公布和地方推荐等多种渠道进行，通常这些专家要在非洲国家工作一年以上，中国承担全部费用，包括往返国际旅费、医疗保险以及生活津贴和各种补助等。中国农业技术专家通常要参与到非洲国家的农业部门和相关机构，和对方的农业技术研究和推广人员一起工作。

2. 中国对亚洲等其他区域发展中国家的农业援助同样保持较好发展态势

作为亚洲地区发展中国家的典型代表，中国十分重视与亚洲国家的农业合作。自2003年中国与东盟宣布建立战略伙伴关系以来，便积极在各领域与东盟国家开展合作，重点向东盟低收入国家提供农业技术援助，支持东盟缩小内部发展差距。澜湄合作是中国与湄公河五国共同发起和建设的新型次区域合作平台，旨在深化六国睦邻友好合作，构建澜湄国家命运共同体，为推进南南合作、落实联合国《2030年可持续发展议程》做出新贡献。例如，2013年，中国广西农业职业技术学院承担起在老挝金花村建设中国—老挝合作农作物优良品种试验站的重要任务。2015年，中国国际扶贫中心和广西外资扶贫项目管理中心委托广西农业职业技术学院，依托该院在老挝金花村承建的中国—老挝合作农作物优良品种试验站，开展中老合作社区减贫示范项目建设。2016年，在村内建了5个大棚，交给10家农户进行示范，专家技术人员现场教授实用先进的种植技术，农户通过专业翻译转述学习，大有收获。项目还开展灌溉设施建设，提供种植技术指导，联系蔬菜经销商和制定大棚租赁管理机制，帮助村庄建设蔬菜基地。从2013年到2018年，试验站试种了160多个农作物品种，从中筛选出适合老挝种植推广的农作物优良品种48个，其中果树11个，瓜菜31个，水稻2个，玉米2个，花生1个，牧草1个，示范推广农作物面积2 833公顷，培训农业技术人员超过1 000人次。2019年，又在金花村启动了中国—老挝减贫合作社区示范项目有机蔬菜种植区，通过与企业合作，在金花村成功开展了大棚有机蔬菜种植示范，大幅提高了当地农民的收入。

五、中国农业国际合作的渠道

随着中国农业国际合作的不断发展，在传统双边贸易、援助等合作取得积极成效的同时，多边合作机制呈现出愈加丰富的发展态势，并促使中国开展农业国际合作的渠道更为多样化。

（一）中非合作论坛等多边合作机制

中非合作论坛成立之初就将农业作为重要合作内容。首届中非合作论坛期间，中非双方就"意识到发展农业对摆脱贫困和保障粮食安全的重要意义"，在通过的《中非经济和社会发展合作纲领》中，明确提出农业是中非合作的主要领域之一。随着论坛机制的不断完善，农业合作也持续取得新的进展。2018年中非合作论坛北京峰会通过的《中非合作论坛——北京行动计划（2019—2021年）》大篇幅提及农业合作，中非双方不断突出农业合作的重要地位，随着中非合作论坛相关机制的不断健全，中非农业合作已经由最初的达成共识阶段跨越到多层次全面合作阶段，并呈现出新的特点。

中非合作论坛的召开、中非贸易额和中国在非洲的投资快速增长以及中国对非农业援助的日益增多，国际社会对中国在非洲的行动感到意外，中非合作关系的迅速发展引起了国际社会的关注。伴随着中非合作论坛机制的建立，中非农业合作进入了新阶段，其形式、内容、途径等都更加多样化，并且逐渐确立了援助、投资和贸易三大关键领域，更加体现出互利合作的原则（表2-2）。中非合作论坛成立初期，双方将农业作为主要合作领域之一，首届中非合作论坛通过的《中非经济和社会发展合作纲领》促使双方"采取各种必要措施，确保该领域合作的顺利开展"；而第二届部长级会议通过了《中非合作论坛——亚的斯亚贝巴行动计划（2004至2006年）》，双方在"农业技术合作和人员培训等方面进行了有益尝试，并积累了一些合作经验……

支持和鼓励有实力的中国企业在非洲开展农业合作项目"。由此，双方农业合作开始纳入宏观行动计划，伴随着中非双方多领域沟通与交流的不断加强，农业合作的方式日益多样化，合作领域不断拓展，合作的总体原则愈加明确。

表2-2　中非合作论坛相关文件中有关农业合作的主要内容

时间	文件名称	主要内容
2000年	《中非经济和社会发展合作纲领》	分享发展经验；意识到农业对摆脱贫困和保障粮食安全的重要意义；中国、非洲与联合国粮农组织开展三方合作
2003年	《中非合作论坛——亚的斯亚贝巴行动计划（2004至2006年）》	农业是解决非洲粮食安全、消除贫困和提高人民生活水平的有效途径；加强技术交流与合作
2006年	《中非合作论坛北京行动计划（2007—2009年）》	强调农业对消除贫困、促进发展和保障粮食安全的作用；探讨农业合作新形式和新途径；援建农业技术示范中心；等等
2009年	《中非合作论坛——沙姆沙伊赫行动计划（2010至2012年）》	再次强调农业与粮食安全是优先合作领域；继续保持和加强农业合作力度，拓展合作领域；中国政府继续扩大对非农业援助规模，加强南南合作
2012年	《中非合作论坛第五届部长级会议——北京行动计划（2013至2015年）》	继续将农业和粮食安全作为合作的优先领域；将开展多层次、多渠道、多形式的农业合作与交流；中国政府将向非洲提供更多农业援助、强化对中非企业开展农业合作的金融支持、促进非洲农产品进入中国市场等；强调联合国粮农组织的作用
2015年	《中非合作论坛——约翰内斯堡行动计划（2016—2018年）》	再次强调农业是中非合作的优先领域；提出农业政策磋商、规划设计合作等多项举措扩大对非农业援助，丰富援助方式；鼓励并支持中国企业在非洲开展农业投资；鼓励农产品贸易，完善贸易政策；加强与联合国粮农组织的合作
2018年	《中非合作论坛——北京行动计划（2019—2021年）》	中方强调帮助非洲提升粮食安全保障能力；共同制定并实施中非农业现代化合作规划和行动计划，扩大对非农业援助规模、丰富对非农业合作形式；就农业技术培训、科学研究、棉花生产、蔗糖业、农产品加工等具体领域明确合作方向
2021年	《同舟共济，继往开来，携手构建新时代中非命运共同体——在中非合作论坛第八届部长级会议开幕式上的主旨演讲》	中国将为非洲援助实施10个减贫和农业项目，向非洲派遣500名农业专家，在华设立一批中非现代农业技术交流示范和培训联合中心，鼓励中国机构和企业在非洲建设中非农业发展与减贫示范村，支持在非中国企业社会责任联盟发起"百企千村"活动

资料来源：根据历次论坛相关文件整理。

（二）"一带一路"相关合作机制

自"一带一路"倡议提出以来，农业一直是"一带一路"合作的重点领域，通过务实推动"一带一路"农业合作，实现了中国农业与世界各国农业优势互补、共同发展。截至2021年，中国已与86个共建国家签署了农业合作协议，与其中一半以上共建国家建立了稳定的工作机制。中国在共建国家投资农业项目820多个，投资存量超过170亿美元，2020年与共建国家农产品贸易总额达到957.9亿美元。

"一带一路"倡议已经成为推动中国对外开放格局转型升级和重塑全球治理新格局的重要抓手。随着"一带一路"建设的深入，各国之间的政策融通、金融联通、基础设施互通、文化沟通，以及在此基础上形成的合作框架和多边贸易机制为进一步开展国际合作搭建了有利平台，更为促进沿线各国发挥农业比较优势，推动区域内农业生产要素自由流动和建立良好的农产品贸易互动关系创造了重要条件。中国及"一带一路"沿线国家均希望通过加强农业国际合作，促进本国经济持续稳定发展。因此，积极推进与"一带一路"沿线国家的农业合作既是必然趋势，也是有效实现合作共赢的现实需要。

"一带一路"倡议是具有明确地缘导向特征的对外开放策略，因而区别于改革开放以来中国历次实行过的进口替代、出口导向和吸引外资等外向型发展战略。就对外农业合作而言，"一带一路"的独特性使得中国对外农业合作目标的实现将会更多地考虑地理空间因素，并逐渐从地缘空间视角重新审视农业国际合作的相关政策设计。"一带一路"倡议下的农业合作是沿线各国农业发展和对外开放的共同诉求，各国之间加强了农业战略对接，围绕构建国家间农业政策对话平台、加强农业科技合作、扩大农业投资、拓展农业贸易、加强能力建设和非政府交流等方面的重点领域，通过完善双边和多边合作机制、发挥重大会议和论坛作用、推动国际农业合作园区建设等方式使得沿线国家农业合作不断深化。

在"一带一路"倡议的引导下，中国与沿线国家的农业合作凸显出不少成功案例，这些合作项目通过带有发展援助性质的投资促进当地农业产业发展乃至整体经济发展。例如，中国与苏丹合作建立的中苏农业合作开发区同样具有很好的代表性，该开发区以苏丹加达里夫州法乌镇拉哈德灌区为中心区域，按照"一区多园"的总体空间布局，重点开发建设从良种繁育、种植养殖基地到农产品加工、物流、贸易全产业链的自由贸易平台，辐射带动整个拉哈德灌区220万亩①的农业产业发展。目前，中苏农业合作开发区以共享共赢模式推动当地农业产业发展，初步建成了涵盖科研、种植、加工等全产业链的中苏农业合作示范区。

（三）联合国粮农组织等国际组织及其相关机制

作为全球农业治理的引领机构，联合国粮农组织在应对全球性农业问题和促进农业发展、农业援助等方面发挥着不可替代的作用，而中国与以联合国粮农组织为代表的多边国际组织的合作也呈现出不断加深的趋势。

在多边农业合作中，中国与联合国粮农组织开展的农业多边南南合作已经成为联合国系统南南合作的典范。迄今为止，中国已向非洲、亚洲、拉美和加勒比地区的近30个国家派出了超过1 100名农业专家和技术员，占联合国粮农组织派出总人数的60%。此外，2008年和2014年，中国政府还先后向联合国粮农组织捐赠两期共计8 000万美元的南南合作信托基金，此后，习近平主席再次宣布向联合国粮农组织捐赠5 000万美元设立中国—联合国粮农组织第三期南南合作信托基金。目前，中国已成为联合国粮农组织南南合作项目的最大伙伴国和支持国。中国—联合国粮农组织南南合作信托基金于2009年正式设立以来，中国已宣布向联合国粮农组织捐赠1.3亿美元，实施了25个南南合作项目，300多名中国专家在项目东道国采取"授人以渔"的方式，分享中国经验和技术，帮助其他发展中国家进一步提升了粮食安全水平和农业综合生产能力，10万小农直接受益并有数百万小农间接受益，为世界粮食安全和减少贫困做出了积极贡献。就具体案例来看，"中国—联合国粮农组织—乌干达"具有很好的代表性。中国先后于2012—2014年、2016—2018年在乌干达实施了两期"中国—联合国粮农组织—乌干达"南南合作项目，通过联合国粮农组织向乌干达派出47名农业专家，在粮食、园艺、水产、畜牧、水利等领域提供全方位技术援助。两期项目里，中国专家

---

① 1亩＝1/15公顷。——编者注

共在乌干达传播农业技术80项，选育各类优良品种82个，组织培训班近200次，参训近8 000人，培训当地农民、技术人员达15 000人。在中乌南南合作项目的推动下，2016年中国的7家农业企业投资2.2亿美元，与乌干达共建集种植、养殖、良种、加工、农机、贸易等为一体的"中乌农业合作产业园"，开创性地构建了"技术援助＋产业园区建设"的新型援助模式。

除联合国粮农组织以外，中国政府还与包括世界粮食计划署、国际农发基金、世界银行、世界贸易组织等诸多国际组织开展多层次农业合作。例如，在农业科研领域，中国与国际生物多样性与国际热带农业中心联盟、国际农业研究磋商组织等众多国际农业机构开展了卓有成效的合作研究，在向中国引进先进的经验和产品的同时，也向世界贡献了中国的方案和智慧。通过与这些国际组织的合作，不仅在政策层面，而且更重要的是在技术层面，引进了国际先进的经验、先进的产品，如热带牧草、木薯种植等。

六、中国农业国际合作的组织机制

（一）西方发展援助机构演变概况

20世纪60年代，西方国家开始成为发展援助国时，就设立了专门的援外机构。1960年，加拿大设立了援外办公室，1968年，更名为加拿大国际发展署（CIDA）；1961年法国成立了合作部，主要负责对独立的发展中国家（主要是非洲国家）提供援助，即法国开发署（AFD）的前身；1961年，美国颁布《美国对外援助法》，并在此基础上成立了美国国际发展署（USAID）。由专门独立的援外机构来统一协调和管理本国的援助事务，曾经是西方发达国家在援外管理上的一大特色，如英国的国际发展部（DFID）和德国的经济合作部（BMZ）。

国际发展援助机构的设置和战略一直在不断调整，随着国际发展环境和本国发展战略需求进行调整。从全球来讲，国际发展援助战略经历了从致力于经济增长到可持续发展目标转变的过程。马歇尔计划在欧洲的巨大成功使得在20世纪五六十年代国际发展援助体系将援助的基本目标定位于促进受援国的经济增长；但是到了20世纪70年代，发展中国家的发展形势更加严峻：经济增长没有实现，失业问题严重，社会贫富分化严重以及长期对农业部门的忽略导致的农业发展陷入危机，基本需求战略成为这个时期国际发展援助机构的追求目标。1973年，美国对外援助开始采用基本需求框架，并逐步引入人类发展和人权等思想；1976年，国际劳工组织正式提出"基本需求战略"方案，这一战略思想同时影响了世界银行和其他国际发展机构在发展中国家的发展项目。进入20世纪80年代，发展中国家面临的发展环境更为恶劣，1982年墨西哥债务危机引发了大量受援国的债务问题，国际发展援助开始从关注贫困问题转向解决债务危机，世界银行推出的结构调整计划受到了推崇。20世纪90年代，全球化进程的快速推进，环境、贫困等发展问题已经突破了单个国家或地区的范畴，成为全球面临的共同挑战。20世纪90年代，联合国组织召开了一系列的发展大会：1992年，召开世界环境与发展大会，提出了可持续发展议题；1994年，召开世界人口与发展大会，强调了人人平等的发展权；1995年，召开了世界妇女大会，关注促进性别平等；1996年，组织召开了世界粮食峰会，关注全球粮食安全问题；1997年，召开全球气候大会等，再次关注全球环境问题。通过这些高端峰会，参加会议的国际多边机构和国家共同讨论应对全球共同发展问题的协商机制和行动计划，并为国际发展援助在这些领域的联合行动提供行动框架。

2000年联合国千年发展目标和2015年联合国可持续发展目标的相继提出，逐渐成为国际发展援助机构提供发展援助的重要指南和依据，各个发展援助机构都制定了自身为促进实现这些共同发展目标的行动计划。联合国千年发展目标的确立对国际发展援助起到重要的指引作用，各类型援助机构开始有更加统一、相对协调的援助目标，也为机构间的合作奠定了基础。而联合国可持续发展目标的提出，则进一步强化了各类主体实现共同发展目标的协调性、一致性，一方面帮助受援国更好地确立本国发展目标，另一方面也促使援助机构将可持续发展目标纳入自身宏观的战略规划和微观实践行动中。

不过，近年来西方国家在援外管理上也开始进行改革，一些国家取消了专门的援外机构，将援外事务统一归到外交部门管理，如加拿大国际发展署

（CIDA）和澳大利亚国际发展署（AusAID）都并入了外交部；挪威的发展署虽然仍然在发挥作用，但是也归口到外交部统一管理了，当谈及原因时，挪威驻马拉维大使馆的发展参赞表示"援外事务和外交之间的联系十分紧密，过去两个部门分别管理，造成了很多部门间的冲突和信息不对称"。从这些改革来看，西方发达国家援外管理事务的独立性在逐渐减弱，和本国的外交、经贸联系更加紧密。另一个值得注意的趋势是，随着国际发展合作范畴的扩大，西方国家的一些其他政府部门开始关注和重视发展援助事务，发展援助已经不是各国发展部或者开发署的"专属"。以德国为例，虽然当前仍然是经济和合作部提供了最主要的发展援助资金，但是其环保部、教育和科学部以及农业部都在各自领域内开展了援助事务，德国农业部过去只关注德国和欧盟以及美国、加拿大等发达国家之间的农业合作，但是，现在德国农业部开始拓展农业国际合作的范围，和中国、巴西、埃塞俄比亚等国开展农业合作，并对一些发展中国家提供农业援助等。

此外，从西方国家的发展援助机构现状及其演变来看，发达国家因总体经济实力强，援助资金规模大，涉及的国家和地区范围广泛，在国际社会承担更多责任，因而其发展援助专门机构建立也较早。发达国家的对外援助不仅重视通过联合国等国际组织开展的多边援助，更重视发挥双边援助的作用，而多边援助主要由财政部门、外交部门负责资金的使用和具体执行，双边援助则大多通过专业性发展援助机构以及开发银行、基金等负责实施。另外，发达经济体的监测评价机制较为健全，议会、专业性监督机构对援助工作的监督发挥着重要作用。

（二）中国发展合作机构的基本情况

自1950年对周边国家提供援助开始，中国的发展援助管理机构历经70余年的发展与变革，从早期的碎片化管理模式逐步过渡到改革开放后由商务部门负责总体协调并强调互利共赢的管理模式。而2018年以来，国家国际发展合作署的成立则将中国的发展援助管理提升至国际发展合作的更高战略层面，并在规范化、机制化水平上逐步提升。

1. 改革开放前的管理机制注重政治目标

新中国成立初期至1978年，中国开展了许多有针对性的对外援助。援助工作领导与管理方面的具体分工为：由中央外事小组负责制定援外的方针、政策；由国家计划委员会统一组织有关援外事项的分工、协作；由财政部负责援外拨款；由对外贸易部统一办理对外事务。在这样的分工模式下，援外工作主要由中央外事小组、外贸部、外交部、国务院外事办公室、国家计委等部门协同负责。其中，中央外事小组负责顶层设计和援外工作的监督检查，具体日常工作由国务院外事办公室负责；外贸部和外交部根据中央批准的援外方针和受援国的具体情况，结合中国在经济、技术上的能力，会同有关部门提出援外方案，经中央外事小组审核后报送中央审批，之后由国家计委抓总，根据中央批准的援外项目，会同外贸部组织有关部门和省份之间的分工协作，确定成套援外项目的总体交付负责部门，同时确定援外项目所需的设备、原材料供应和人员的调配，并负责检查援外工作的执行情况，督促援外任务按期完成，必要时国家计委还参加对外谈判。作为主要具体执行部门的对外贸易部也几经调整，并逐渐形成一套国内国外机构相协调、具体部门分工协作的运行机制（表2-3），但这一时期援外规模相对有限，管理上也受到意识形态影响而更加注重政治和外交目标，对经济合作的重视程度远远不够。

表2-3 改革开放前援外专门机构的变化

成立时间	部门	职能
1952年	中央人民政府对外贸易部	统一管理对外物资援助，下属各进出口总公司负责具体实施
1954年	原中央人民政府对外贸易部更名为中华人民共和国对外贸易部	负责援助谈判和协议签署工作。成套项目由国家计委按专业分工原则交由各部门执行
1956年	对外贸易部下设技术合作局、成套设备局和对外经济联络局	共同负责援外工作的具体执行
1956年	设立第一个驻外援助工作管理代表机构：中国驻越南经济代表处	随着援外规模扩大，在越来越多的使馆设立经济参赞处、经济商务参赞处或经济代表处，负责在国外管理对外援助工作
1960年	设立对外经济联络总局，下设成套设备局和经济合作局	负责经济技术援助、成套项目援助和现汇援助的归口管理

（续）

成立时间	部门	职能
1964年	撤销对外经济联络总局，成立对外经济联络委员会	负责对外经济技术援助
1965年	在华东、华北、东北和中南四大区分别设立对外经济联络局	作为经济联络委员会的派出机构负责组织援外材料设备、人员派遣、培训、接待等具体工作
1970年	对外经济联络委员会改为对外经济联络部，成立成套设备进出口公司	专门负责成套项目援助

资料来源：赵美艳.中国对外援助制度及其完善问题研究[D].北京：外交学院，2020.

2. 改革开放以来更加注重互利共赢

改革开放以来直至20世纪90年代末期，出于发展本国经济和对世界总体发展局势的判断，中国的对外援助规模相对缩减，并更加注重援助的实际效果和经济效益，着重分享改革和发展的现实经验。1978年党的十一届三中全会后，中国逐步改革对外援助管理体制，并开始重视对外援助的经济功能，对外援助的总体策略开始发生根本性转变；1979年，中国开始积极通过国际多边机构获得资金支持，多渠道引进世界先进技术和先进设备来发展本国生产，同时开始接受德国、日本等发达国家的援助；1980年，当时的对外经济联络部开始贯彻经济体制改革的精神，改革经济援助项目的管理机制。同年，对外经济联络部发布《关于对外经援项目试行投资包干制的暂行办法》，国务院有关部门或地方政府作为实施主体承包部分新的援助项目。1982年，国家机构改革将进出口管理委员会、对外贸易部、对外经济联络部和外国投资管理委员会四个单位合并，成立对外经济贸易部，对外援助工作由该部门具体统筹协调，也进一步为中国在对外援助工作中考虑经济因素奠定了基础，同时，原主管援外工作的对外经济联络部成为新组建的对外经济贸易部的一个司局，并成立下属的中国成套设备进出口公司，负责援外项目的执行。1983年，中央总结过去开展对外援助的经验教训，确立了对外援助工作新的四项原则：平等互利、讲究实效、形式多样、共同发展。这四项原则是对早期对外援助工作的批判性继承，同时也借鉴了国际社会的普遍做法，使得中国在改革开放初期有了新的对外援助的指导思想。

伴随着国内"家庭联产承包责任制"的推行以及简政放权、政企分开等体制改革，中国对外援助从政策制定到最终实施的各个环节逐步发生转变，开始试行"投资包干制"。由最初的具体行政部门负责执行中央指令对外援助的管理模式，转变为中央指令下达至具体部门，由转制后的企业来负责实施，引入市场机制来协调对外援助的管理和实施。1985年，为落实政企分开、简政放权，对外经济贸易部将部分援外管理权限下放中国成套设备进出口公司，国务院其他有关部门和省（自治区、直辖市）政府也不再负责项目的实施，而是交由所属的负责国际经济合作的企事业单位。随着政府机构改革的深入，很多主管经济的中央部门被精简，精简下来的人员和部门成立了一些行业协会和实体性公司。1993年，中国对外援助工作又开始出现一系列新的转变。国务院机构改革将对外经济贸易部更名为对外贸易经济合作部，其下设立对外援助司负责具体援外工作，随着管理机制上的不断完善，中国对外援助政企分开、注重政治与经济双重效应的机制逐步确立。援外工作由对外贸易经济合作部依照中央统一部署和国家宏观战略进行统筹协调，其以行政职能对具体援外事务进行管理和监督，并建立了"企业总承包责任制"，对外援助项目由政府部门委托有资质的企业作为具体执行机构，大大提高了援助的效率和经济效益。在中国企业"走出去"渐成趋势的大背景下，对外贸易经济合作部也在1993年开始积极探索帮助受援国建设符合当地需求和资源条件的中小型生产项目，并积极推动中国企业与受援国企业直接开展合作，通过设立合资企业等形式促使援助资金取得最大效益。中国先后在24个受援国探索援助了45个由中国企业直接参与的项目，例如，中国援建卢旺达水泥厂建成后由中国企业代为管理和经营，中国企业借助于援外资金与受援国企业开展合作，取得了明显的成效。

总体而言，改革开放后在指导思想改变以及援助管理体制变革的背景下，中国开展对外援助的方式日渐多样化，早期资金和物资援助模式容易让受援国产生依赖心理，对其发展自主生产的促进作用不明显，中国的援助机构开始探索成套项目的援助模式，并更加注重技术转移和支持。

3.中非合作论坛成立后援外管理手段更加丰富

2000年中非合作论坛召开以来，中国对外援助规模不断扩大，援助的方式、手段也日渐丰富，对外援助工作与建立国际政治经济新秩序开始紧密结合。在援外管理机制方面，2003年，国务院机构改革决定组建商务部，其承接了原本由对外贸易经济合作部负责的援外工作，并更加注重援外工作中的国际经济合作，中国的援外模式悄然发生转变，不仅仅强调援助本身的成效，更加注重双边深层次的合作交往。2008年，商务部会同外交部、财政部等有关部门和机构，正式成立对外援助部际联系机制。2011年2月，部际联系机制升级为部际协调机制。中国政府于2011年发布了《中国的对外援助》白皮书，系统阐述了对外援助政策、资金、方式、分布、管理以及援外国际合作等内容，解答了国际和国内对中国对外援助工作的诸多关切，进一步表明了中国的大国责任。尤其是明确了21世纪对外援助政策的五项基本内容，明确了中国对外援助属于南南合作的范畴，也促使中国对外援助工作不断创新。

在宏观对外援助政策日渐清晰的基础上，中国的对外援助管理机制也更加完善。2014年，中国发布了新的对外援助白皮书，进一步明确了发展中国家的地位以及在南南合作框架下开展对外援助的战略定位，同时明确了相互尊重、平等相待、重信守诺、互利共赢是中国对外援助的基本原则。2014年，商务部发布《对外援助管理办法（试行）》，规范对外援助管理，提高对外援助效果。2015—2016年，商务部等部门先后发布了《对外援助物资项目管理办法（试行）》《对外援助成套项目管理办法（试行）》《对外援助项目采购管理规定（试行）》《对外援助标识使用管理办法（试行）》以及《关于调整对外援助物资检验和验放管理的通知》等一系列援外法规，促使对外援助工作有章可循，更加规范。

4.国家国际发展合作署成立迎来新局面

2013年以来，"一带一路"倡议以及构建人类命运共同体的理念促使中国对外援助更加具有针对性、有效性，并成为中国参与全球治理，重塑全球政治经济格局的重要路径。2018年，中国政府决定组建国家国际发展合作署，负责拟订对外援助战略方针、规划、政策，统筹协调援外重大问题并提出建议，推进援外方式改革，编制对外援助方案和计划，确定对外援助项目并监督评估实施情况等。这是中国政府对外援助体制进行的重大改革，标志着中国对外援助走上新征程，同时意味着中国对外援助正式开始向国际发展合作转型升级。

国家国际发展合作署的成立也促使援外管理机制更具国际视野，并呈现出诸多新变化：第一是援外管理的战略统筹机制更加健全，过去中国对外援助虽然积累了丰富经验并逐渐形成自身特色，但总体来说比较碎片化，国家国际发展合作署的成立以及援外宏观政策的调整，促使中国更注重双边、多边以及多双混合的各个区域平台机制，维护以联合国为核心的国际体系的作用，同时也更注重新的合作模式和新型合作伙伴的拓宽。第二是推动中国不断探索开展国际发展合作的新机制，比如设立南南合作援助基金、设立南南合作与发展学院等新的探索，更加凸显了中国对全球人道主义挑战、支持发展中国家增强自主发展能力以及对加强国际交流与三方合作的关注。第三是更加积极主动面向全球讲好中国国际发展的故事，首先是注重与联合国可持续发展目标的对接，联合国《2030年可持续发展议程》是全球公认的发展目标体系，而中国在消除贫困、提升粮食安全、改善基础设施等方面都积累了丰富的经验，具备在可持续发展目标体系下开展国际发展合作的基础和能力，从而更加有助于提升援助有效性，改善援助效果；其次是注重将"一带一路"等话语和实践体系带入国际发展合作的话语体系中，注重凸显国际发展合作对于"五通"建设的贡献，丰富了全球层面开展国际发展合作的政策和实践。

2021年《新时代的中国国际发展合作》白皮书发表，进一步结合当下的国际环境阐释了新时代中国国际发展合作的8项政策主张，包括相互尊重，平等相待；量力而行，尽力而为；聚焦发展，改善民生；授人以渔，自主发展；形式多样，讲求实效；善始善终，注重持续；开放包容，交流互鉴；与时俱进，创新发展。这是在中国对外援助历程中逐步形成的具有中国特色、内涵丰富的政策主张，是70年对外援助实践的智慧结晶和宝贵财富。

2021年，国家国际发展合作署、外交部、商务部联合发布了《对外援助管理办法》，对援外各职能部门的分工作出了明确。其中，国家国际发展合作署负责拟订对外援助方针政策，推进对外援助方式改革，归口管理对外援助资金规模和使用方向，编制对外援助项目年度预决算，确定对外援助项目，监督评估对外援助项目实施情况，组织开展对外援助国际交流合作。商务部等对外援助执行部门负责根据对外工作需要提出对外援助相关建议，承担对外援助具体执行工作，与受援方协商和办理对外援助项目实施具体事宜，负责项目组织管理，选定对外援助项目实施主体或者派出对外援助人员，管理本部门的对外援助资金。外交部负责根据外交工作需要提出对外援助相关建议。驻外使领馆（团）统筹管理在驻在国（国际组织）的对外援助工作，协助办理对外援助有关事务，与受援方沟通援助需求并进行政策审核，负责对外援助项目实施的境外监督管理。同时，国家国际发展合作署会同有关部门建立对外援助部际协调机制，统筹协调对外援助重大问题，促使援外管理的分工进一步明确。

整体而言，2013 年"一带一路"倡议提出以来，特别是国家国际发展合作署的成立，促使中国立足自身仍是发展中国家的现实，基于长期对外援助和南南合作的深厚基础，积极推动国际发展合作的转型，支持以联合国为核心的国际体系、"一带一路"倡议、中非合作等区域合作机制，以及南南合作援助基金等不断向纵深推进。

（三）中国农业国际合作的机构安排

进入 21 世纪以来，农业逐步成为中国对外援助的重点。中国启动了一系列大规模的多种形式的对外农业援助计划，主要包括援建农业技术示范中心、派出农业技术专家、举办农业领域培训班以及参与联合国粮农组织的粮食安全特别行动计划等，农业援助重新回到了中国国际战略的考量范围，从而推动了农业援助运行和管理的改革。

1.2018 年国务院机构改革前的概况

21 世纪初期，随着中国将农业定位为对外援助和国际发展合作的战略重点，除了一直负责中国对外援助的商务部将农业列为重要领域外，其他部门如农业部、科技部等也将农业援助作为本部门推动国际发展合作的重要领域，中国逐渐形成多部门共同参与的对外农业援助体系。在该体系中，商务部的援外司仍然是援外管理的最主要机构，主要负责对外农业援助项目的规划、谈判、立项和决策等，使用的资金为中国财政预算中安排的援外资金。农业部为对外农业援助项目提供技术支持，参与对外农业援助项目的承建企业和机构的遴选、负责选派农业技术援助专家以及管理农业部直属机构的农业技术培训班等，除此之外，农业部同时主要负责管理在联合国粮农组织粮食安全行动框架下对外农业援助项目，包括项目立项、选派专家以及监测评估等，资金主要为中国为联合国粮农组织提供的信托基金。科技部则主要通过派遣农业科技人员、举办农业技术培训班等方式来对发展中国家提供农业科技援助，资金主要来源于科技部的国际合作专项资金。此外，教育部也在其国际合作专项资金项下开展农业高校国际合作以及举办农业技术和教育培训班等，从而形成了多部门共同参与和管理的农业援助体系。但商务部主管的对外农业援助仍然占绝对主体地位。虽然各部门的非农业援助都服从于国家整体上的战略，但是由于资金来自不同的预算，各部门的行动相互分离，部门之间也缺乏协调。

与此同时，承建机构承包式管理方式仍然是中国农业援助主要管理模式，但是为了增强对援外项目承建机构的管理力度，中国政府在管理体系上进行了一些调整，加强了政府管理的力度。2003年，商务部成立国际经济合作局，分担商务部援外司对成套项目和技术合作项目的具体管理事务，主要职能为组织援外项目的招投标、评标、审批以及财务管理等，在农业领域内，主要负责农业示范中心和选派农业专家项目的实施管理；同时商务部援外司还委托国际经济技术交流中心和国际商务官员研修学院分别管理援外农业物资项目以及农业培训项目的具体实施。农业部下属的对外经济合作中心则受商务部援外司的委托为农业示范中心提供技术支持，参与示范中心的前期立项考察、选址，举办示范中心运行和管理培训班以及组织对示范中心的监测与评估；农业部国际交流服务中心受托承担选派农业专家的具体执行，同时，农业部国际交流服务中心还负责协调和管理农业部直属机构承担的援外农业培训项目。虽然中国对外农业援助项目的承建机构需要通过招标方式确定，但是这种招标不是完全开放式的纯市场化招标，招标的通知和公告往往都是商务部和农业部通过自上而下的行政管理体系发布到各省份，由各省份推荐本省份内符合条件和资质的企业和机构来参与投标，因此，中标企业和机构所在省份的商务部门及农业部门也就具有了协助管理农业援助项目的责任。承建对外农业援助项目的企业和机构为了考虑到援外项目的特殊性，往往会在总公司框架下单独成立一个国际公司，来具体实施对外援助项目，如承建中国农业技术示范中心的公司和科研机构大都在非洲国家注册了农业公司，在实践中又形成了对农业援助管理的另一个主体，即国内母公司或机构。这样的一个管理架构的安排在客观上形成了中国对外农业援助项目的多主体管理模式，从而导致整个对外农业援助管理就变成非常复杂的、边界模糊和功能重复的一个综合体。

此外，中国政府更加强调对外农业援助项目的国际影响，在对外农业援助项目管理上则更大程度地让受援国参与和介入。以农业技术示范中心项目为例，中国采取了"交钥匙"的方式，让受援国政府对示范中心拥有所有权，从而能够为规范承建企业行为提供必要的监督和服务，促进企业履行社会责任。

2.2018年国务院机构改革后的概况

2018年国务院机构改革后，组建农业农村部，将农业部的职责，以及国家发展和改革委员会的农业投资项目、财政部的农业综合开发项目、自然资源部的农田整治项目、水利部的农田水利建设项目等管理职责整合，作为国务院组成部门。同时，将商务部对外援助有关职责，外交部对外援助协调等职责整合，组建国家国际发展合作署，作为国务院直属机构。

目前，农业援助项目涉及的主要有成套项目、一般物资项目、技术合作项目和人力资源开发合作四种。不同类型项目，管理技术上差异很大。虽然国家国际发展合作署、商务部、外交部等部门都不同程度地参与到农业援外项目的协调和管理工作中，尤其是国家国际发展合作署发挥着统一协调作用，但专业性很强的农业援助项目一般需要农业农村部在专业上的协调与管理。农业农村部国际合作司承担着中国农业援助的协调管理工作，主要负责参与农业对外援助政策和规划制定，协助有关部门组织实施农业援外项目，并且负责部管外资外援项目（不含国外贷款项目）管理工作。而作为农业农村部下属事业单位的对外经济合作中心（简称"外经中心"）则在农业援外具体工作中发挥着重要作用。外经中心的主要职责包括：受农业农村部委托负责管理部管外资项目和援外农业项目，承办项目计划的编写申报、前期论证考察、组织实施及代理招标采购业务；受委托承担多边、双边农业技术、经济合作谅解备忘录、议定书、协定项目的执行和管理；承担对欧盟及其成员国之间的农业技术交流与合作任务；承担农业对外科技交流合作服务，促进中国农业高科技成果的境外转化和劳务输出；开展国外农业政策与法规研究；开展中外民间经济技术与合作项目的可行性论证、咨询与技术服务；组织实施农业高新技术成果国家展览与交易活动，为出国留学人员回国创业、加速科技成果转化提供中介服务；承办农业农村部交办的其他事项。此外，农业农村部国际交流服务中心则承担农业农村援外专家和技术人员的选拔、派遣、管理和境外业务指导，以及援外项目可行性研究、规划编写和验收，尤其是在双边派遣农业技术专家和农业培训项目方面发挥重要作用。

综上所述，中国农业援助的管理和一般援助管理在机制上是相同的，涉及不同部门、不同类型机构的参与，农业农村部作为职能部门，协同国家国际发展合作署、商务部等部门进行农业援助的计划、立项、监测和管理，同时也会执行部分农业援助项目。其他部门的农业援助也都在各自的框架下进行管理和协调，多部门的共同参与是中国农业援助管理的特色。从目前管理现状来看，中国农业援助项目重视项目执行的技术管理、财务管理和质量管理，并且大部分属于计划管理范畴。

（四）国际发展机构海外人员的安排与管理

1. 西方援助机构在受援国的设置和人员

西方发展援助在管理上的显著特点之一是非常重视在受援国的协调和管理工作。西方国家在受援国的管理有几种不同的方式：①有单独援外部门的国家一般都会在受援国设立代表处和办事处，来统一协调和管理援外事务，如美国、英国和日本。以马拉维为例，美国国际发展署在马拉维的办公室大约有员工90人，仅"喂养未来"一个农业项目就有10～15人；英国国际发展部在马拉维的办公室有40多位工作人员。②隶属于外交部门的援助事务由使馆统一协调，大使馆设立发展参赞，如挪威。仍以马拉维为例，马拉维是挪威的重点援助国家，挪威驻马拉维的发展参赞同时也是副大使，在使馆的级别非常高。③由能够代表政府的技术咨询公司来统一协调，如德国。德国经济和合作部的技术援助（赠款）主要由德国国际合作公司（GIZ）来负责执行，德国经济和合作部并没有在海外设立办事处或者代表处，德国在受援国的援助项目主要是由德国国际合作公司实施和管理。德国国际合作公司会根据德国在这个国家援助项目的多少来决定在该国设立国家办公室还是项目办公室，通常来说，设立国家办公室的国家都是德国援助的重点国家。除了这些常规性管理机构设置外，对于一些重要的或者资金规模比较大的项目，尤其是和受援国的政府部门和机构合作时，西方援助国还会考虑派遣专门的工作人员进入受援国的政府部门和机构工作，如日本援助马拉维工贸部的"一村一品"项目时，日本国际协力机构（JICA）派遣了一名协调员和财务官到马拉维工贸部执行该项目的下设机构来参与该项目的管理，德国复兴开发银行在马拉维实施的教育基础设施援建项目，也派遣了相关管理人员在马拉维的教育部工作，来负责协助管理援助项目，尤其是项目的财务管理。

西方发展援助在受援国的管理比较重视援助管理的本地化，越来越多地聘用当地人参与援助的管理中，在马拉维，英国国际发展部办公室的40多人中，只有11人来自英国本部，英国本部工作人员通常是有固定任期，大部分是3年，其余都是马拉维本土员工，本土员工的工作时间更为长久；挪威使馆的发展部一共有10名工作人员，其中有5名来自马拉维；德国复兴开发银行在马拉维的办事处一共有3名员工，都是马拉维本地人。在这些机构工作的本地人大部分都是来自当地的精英阶层，接受过良好的教育，一些工作人员还直接来自受援国的政府部门，有着良好的社会和政治资本，如德国复兴银行驻马拉维办事处的负责人曾经是马拉维财政部的一名重要官员。本地化的管理使得西方发展援助管理机构能够更快更及时地了解马拉维当地的发展情况、政策调整以及更容易和马拉维的政府部门或者其他机构进行沟通和交流；同时，从援助国外派出来的员工受到任期的限制，人员的流动性比较强，本地员工则能够长期持续在这些机构工作，保证机构的稳定性和工作的延续性。西方发展援助管理的另一个显著特点是活跃着大量的协助援助管理和执行的咨询公司和专家，这些咨询公司和专家为西方的发展援助提供管理、政策研究、技术建议、监测和评估等专业性服务，这些专业性的服务使得西方发展援助呈现出技术化和职业化的特点，并且能够成为援助方和受援国之间的"中间人"，避免援助方和受援国之间直接冲突和矛盾，起到一个缓冲的作用。

2. 中国发展援助的执行和海外安排

相较于西方国家发展援助的机构和人员配置，中国援助机构的设置和人员安排相对简单，总体规模也不大。随着国家国际发展合作署的成立，援外管理机制得到优化，但国家国际发展合作署的职能中指出，"援外的具体执行工作仍由相关部门按分工承担"，因此，短期内中国的对外援助执行机构遵循的主要还是商务部管理时期的分工。中国的对外援助方式主要有：援建成套项目、提供一般物资、开展技术合作和人力资源开发合作、派遣援外医疗队和志愿者、提供紧急人道主义援助以及减免受援国债务等。不同的对外援助方式在国内管理、海外机构设置和人员安排上也有差异。

(1) 政府为执行主体的援外项目

政府为执行主体的援外项目主要包括提供一般物资、紧急人道主义援助、人力资源开发合作等方式。

第一，提供一般物资的执行方式。受援国政府向中国政府提出物资赠送要求，国务院审核同意，两国政府之间签订框架协议，协议确定了大概赠送金额但不指定物资清单。两国的援助主管部门进行对接商议，确定所需物资清单，中国对外援助主管部门根据协议核对金额和数量，核对完成后，选择企业执行。这类项目的海外执行过程中，驻外使领馆和具体执行企业发挥重要作用。

第二，提供紧急人道主义援助程序。紧急人道主义援助是中国对外援助中比较特殊的一项，一般来说中国只向发展中国家提供对外援助，但紧急人道主义援助除外，"紧急人道主义援助是指在海啸、地震、飓风、旱灾等自然灾害发生后，中国政府向受灾国提供紧急救灾物资，派遣救援队和医疗队以及现汇资金等的援助"。中国成立了专门的紧急人道主义援助部际联系机制，由国家国际发展合作署、商务部、外交部、财政部等配合，一旦他国出现自然灾害造成了重大损失，认为有必要提供援助时就启动该机制。

第三，人力资源开发合作程序。通过举办高级别培训班、研讨会等方式强化人力资源开发是中国援外工作的重要方式。党的十八大以来，围绕发展中国家需要，中国共向埃塞俄比亚等37个国家派遣农业专家组78个773人次。其中，农业农村部向13个亚非国家派遣的33个农业专家（教师）组，开展了百余项农业技术的示范和培训，受训人员超过4万人次，推动近150家农业企业、科研单位与受援国建立合作联系，获得各方好评。此类人力资源开发合作的执行主要分为两方面：一方面在国内由农业部门负责总体协调，安排国内高校、科研院所、农业企业等开展相应的培训；另一方面针对在海外的培训项目，则主要由驻外使领馆与援外农业专家组、农业技术示范中心、农业企业等多类型主体共同参与，其中，援外专家组、农业技术示范中心等发挥着重要作用。

此外，在派遣援外医疗队、志愿者等援助项目中，卫生、教育等系统的相关部门及各派出单位相关人员发挥着重要的主导作用，通过与驻外使领馆的沟通协作并与国内卫生、教育等主管部门密切联系，从而实现援助的基本职能。

（2）企业、科研院所等为执行主体的援外项目

这一类型主要包括提供优惠贷款和援建成套项目，企业、科研院所等多类型主体在其中发挥着重要作用。

第一，优惠贷款主要指无息贷款和优惠贷款。无息贷款旨在提升受援方公共基础设施和工农业生产水平，无息贷款期限一般为20年，使用期5年，宽限期5年，偿还期10年。目前，无息贷款主要向经济条件较好的发展中国家提供。优惠贷款主要用于帮助受援国建设有经济效益的生产型项目、较大规模的基础设施建设、提供大宗机电产品或提供成套设备、机电产品、技术服务及其他物资等，优惠贷款本金由中国进出口银行通过市场筹措，贷款利率低于中国人民银行公布的基准利率，由此产生的利息差额由财政补贴。目前，中国提供的优惠贷款年利率一般为2%～3%，期限一般为15～20年（含5～7年宽限期）。优惠贷款由中国进出口银行执行。每年年初，进出口银行、援外主管部门和中国人民银行共同提出优惠贷款预算，报国务院审批同意。具体执行过程中，受援国政府向中国政府提出需求，两国政府签订框架协议。对外援助主管部门根据协议与受援国磋商，确定具体使用资金的项目和贷款条件，商议完成后由中国进出口银行与受援国管理部门签订执行协议并进行全程执行和监督。

第二，援建成套项目。各援外执行部门依据立项批准内容实施援外项目，并对援外项目的安全、质量、功能、进度、资金使用等方面进行监管。对于地方具有区位、人文、人脉、产业优势的援外项目，国家国际发展合作署可与地方人民政府合作实施。中方负责实施援外项目，各援外执行部门负责依法通过竞争性方式选定具体项目实施主体。中国成套项目援助多数由中国成套设备进出口总公司执行。具体就农业援外项目来看，各类型企业、科研机构、高校等都可能成为在受援国发挥关键作用的主体。例如，福建农林大学

中国专家指导南非农户种植的菌菇取得丰收

在中国菌草技术援外中发挥了关键性作用，以林占熺教授为代表的科研人员在近20年的时间里开展了大量农业援外的实践，菌草技术文献已被翻译为18种语言文字，推广至全球106个国家，创造了数十万个就业机会；国内外先后举办了288期国际技术培训班，培训学员10 509名，在巴布亚新几内亚、斐济、卢旺达等13个国家建立了示范培训和产业发展基地，还有来自11个国家的24名青年在福建攻读菌草专业硕博学位课程。

中国福州，伊拉克农业部官员娃法·亚伯拉罕·赫辛在发展中国家菌草技术培训班实践课上采摘自己栽培的金山巨菇

斐济男孩手捧中国专家指导种植的第一朵菌草平菇

第三章

以南南合作为代表的多边农业合作

联合国从40多年前就开始推动南南合作，农业一直是南南合作的重点领域。近年来，随着中国、印度、南非、巴西等新兴经济体的发展，农业南南合作开始受到国际社会重视，以中国为代表的南方国家正在为全球发展提供新的发展资源，中国在农业领域的南南合作也逐步成为全球典范。

一、全球南南合作概况

（一）南南合作的定义

关于南南合作的定义国际上尚没有完全统一的说法。联合国人口基金（United Nations Population Fund，UNFPA）对南南合作的定义是在实现国际人口与发展会议（International Conference on Population and Development，ICPD）与千年发展目标（Millennium Development Goals，MDGs)的背景下给出的。联合国人口基金在其政策和程序手册中，将南南合作定义为"发展中国家之间通过政府、民间社会组织、学术机构、国家机构和网络等进行知识、经验、技术、信息和能力发展的交流的一种发展手段，从而促进参与国执行ICPD以实现MDGs的进程"。南南合作可以理解为是发展中国家共同努力，以找到解决共同面对的发展中挑战的途径。南南合作是两个或两个以上的发展中国家通过知识、技能、资源和技术上的合作与交流追求各自或共同的发展目标。联合国粮农组织认为，南南合作是南部国家之间在政治、经济、社会、文化、环境和技术方面进行合作的框架。南南合作发生在两个以上的国家之间，可以是双边、区域、次区域或区际。发展中国家共享知识、技能、专长和资源以通过共同努力来满足共同发展目标。

此外，南南合作有广义和狭义之分。广义的南南合作泛指发展中国家之间为促进发展而开展的资金和技术合作，开始于1955年的万隆会议，不结盟运动、七十七国集团、西非经济共同体、拉丁美洲经济体系、南部非洲发展协会、海湾合作委员会、南亚区域合作联盟等国际和区域性发展中国家组织都是推动全球南南合作的重要力量。中国作为全球最大的发展中国家，也是全球南南合作的主要参与者。狭义的南南合作，主要是指联合国粮农组织框架下的多边农业援助模式。从1996年开始，联合国粮农组织致力于促进农业南南合作，协调和促进专业技术和发展经验在发展中国家之间的交流，通过向非洲、亚洲、太平洋地区、拉美和加勒比等地区的30多个发展中国家派遣1 100余名专家和技术员等方式，促进农业技术转移及发展中国家和地区农业生产力的发展，提高粮食生产能力，缓解粮食安全问题。

（二）南南合作的历史

20世纪50年代，前殖民地通过斗争获得独立成为南南合作的国际背景。1955年万隆会议汇聚了来自亚洲和非洲的29个国家，他们在"互惠和尊重国家主权的基础上"提议促进经济和文化合作。这种开创性的南南会议为1961年的不结盟运动（Non-Aligned Movement，NAM)和1964年的七十七国集团（G77）开辟了道路。此后，为了扩大市场规模、促进跨国贸易，南部国家在相同的十年中创建了大量的区域和亚区域的经济机构，包括中美洲共同市场（Central American Common Market）、中非关税和经济同盟（Central African Customs and Economic Union）以及东南亚国家联盟（Association of

Southeast Asian Nations）。

1972年，联合国大会成立了一个工作组来评估加强发展中国家之间技术合作的方式，其结果是1978年在联合国开发计划署（UNDP）为南南合作成立了一个特殊的部门，在全球和联合国系统的基础上促进、协调和支持南南及三边合作。1978年，联合国成立了南南合作部门，促进南南贸易及其机构间的合作。然而，南南合作的想法直到20世纪90年代末才开始影响发展领域。基于地理范畴的原因，众所周知该合作是南美和非洲间的合作。近期南南合作的发展是南方国家间贸易量不断增加，南方国家在外国直接投资流动、区域一体化运动、技术转让、共享解决方案和专家以及其他形式的交流方面都在呈现加强的态势。

南南合作迄今为止举行了两次重要的峰会。第一次峰会是2006年在尼日利亚阿布贾举行，当时有来自非洲的53国和南美12国的代表参加。第二次峰会是2009年9月在委内瑞拉的玛格丽塔岛举行，有来自非洲的49国和南美12国的元首参加。南美和非洲国家的领导人希望南南合作能够带来一个新的世界秩序，以应对现有的西方统治社会、经济和政治的局面。

目前，南南合作正日益增强。自从2011年在釜山举行的第四届援助有效性的高层论坛以来，南南合作的焦点又引来诸多关注。论坛重点提出了要为墨西哥举行的全球伙伴关系的有效发展合作（GPEDC）论坛提供南南合作概念清晰、实用的见解。焦点会议的核心目标是在GPEDC上就结果方面寻求整合南南合作的方法和手段。

（三）南南合作的目标与特点

当南南合作被看作是一个新兴的全球发展合作格局中的重要元素时，有必要从多方利益相关者的角度对这个不断演变的现象进行更细致和严格的考察。在援助有效性的议程下，南南合作下面这些特征非常突出：

（1）能力发展

南南技术合作往往更加关注能力发展是一个过程，不是一个"产品"；技术合作是相互学习的嵌入式工具。

（2）一个更广泛的选择支持，导致横向合作伙伴关系

南南技术合作提供了不同类型的关系，可以提高国家和地区层面技术合作的多样性，同时也创造出更多的横向合作伙伴关系。

（3）成本效率

利用区域和国家资源，南南技术合作充分利用了资金的价值。

（4）以需求为驱动力

考虑到资源稀缺和合作伙伴之间的横向关系，南南技术合作更符合受援国的优先需求。

南南合作的基本目标是互助和相互支持，从而促进实现国际发展合作的更广泛的目标。这些目标是：①促进发展中国家提高他们自力更生的创造性能力，按照其愿望、价值观和特殊需要找到解决发展问题的路径。②通过交换经验促进和加强发展中国家之间集体自力更生的能力；共享和利用技术与资源。③加强发展中国家识别、确定和分析其主要发展问题的能力，并制定必要的策略来解决问题。④通过能力共享、提高资源在合作中的有效性，增加国际发展合作的数量、提高其质量。⑤创建和加强发展中国家现有的技术能力，从而提高使用这种能力的有效性，提高发展中国家吸收、适应技术与技能的能力来满足特定的发展需求。⑥增加和改善发展中国家之间的沟通，对共同面对的问题增加广泛共识，在解决发展问题中进一步普及知识和经验以及创造新的知识。⑦识别和应对最不发达的国家、内陆发展中国家和小岛屿发展中国家以及受到自然灾害和危机影响严重的国家的问题和需求，使发展中国家能够实现更大程度地参与国际经济活动、扩大国际发展合作。

和南北合作相比，南南合作具有非常明显的优势，主要体现为：①加强发展中国家在多边事务中的声音和谈判能力。②运用现有的经验和能力，培养发展中国家新的能力。③开放发展中国家之间更多的沟通渠道。④在尽可能广泛的地理基础上，促进和加强发展中国家之间的经济一体化。⑤加强技术合作的乘数效应。⑥促进经济和科技方面自力更生。⑦增强发展中国家的可获得的知识和信心的能力。⑧协调与一些发展中国家相关的发展政策。⑨发展本土技术，引进更好地适用于当地需求的技术，尤其是在传统的

行业部门，如农业。

二、中国南南合作的历史概况

农业一直是国际发展合作的重点领域，根据经济合作发展组织发展援助委员会（OECD-DAC）的统计数据，2005年以来，全球农业发展援助的总量开始呈现出快速增长趋势，2015年全球农业援助达到了103.8亿美元，占全球援助总量的6%左右；在南南合作领域，农业合作更是重点，在南方国家中，农业发展水平虽然差异很大，但仍然具有一定的相似性，如小农为主体的农业生产体系、农业现代化和机械化程度有限以及农业人口众多等，农业技术和发展经验的可借鉴性和分享性比较强，同时，农业发展不足也是当前很多最不发达国家面临的主要发展障碍之一，而南方国家中的新兴经济体的转型成功也在很大程度上归功于农业的快速发展，如中国、印度、泰国等。从目前全球农业南南合作来看，其主要形式有三种：第一种是南方国家之间的双边合作；第二种是南方国家之间合作向其他国家提供农业支持；第三种是三方合作，由传统的发达援助体，包括发达国家和国际多边机构，和新兴经济体开展三方合作。中国参与农业南南合作的历史较长，逐步由南南合作的参与者发展为引领者。总体而言，中国参与农业领域南南合作的程度不断加深，在理念、政策、实践等方面经过调整与变革，探索出卓有成效的多种合作方式。

（一）早期阶段便注重农业合作

在新中国成立伊始，中国对周边的社会主义国家和民族独立国家实施无偿援助，并致力于开展社会主义建设。1955年，周恩来总理参加万隆会议，除支持发展中国家的民族解放和民族独立斗争外，为了巩固新兴民族国家的民族独立成果，周恩来总理访问非洲十国，提出了中国对外援助的八项原则，开启了中国对亚非拉发展中国家提供经济援助的序幕。

此后，中国向很多发展中国家提供了成套援助项目，帮助建设了诸如纺织厂、水泥厂、农场等发展中国家急需的项目。中国一直非常重视参与全球农业南南合作，并将农业作为对外援助的重点领域之一。在20世纪60年代初，中国就开始向马里、几内亚等国派遣少量的农业专家指导种植水稻、甘蔗和茶叶；从1967年起，中国在非洲的坦桑尼亚、刚果（布）、毛里塔尼亚、几内亚和马里等国援建了水稻、甘蔗、茶叶和烟草等农场和试验站。20世纪70年代，中国在46个国家建成援助项目560个，援助范围覆盖了亚洲、非洲、拉美和南太平洋地区，其中最为典型的是坦赞铁路，中国提供无息贷款9.88亿元人民币，提供各种设备材料100万吨，先后派遣工程技术人员近5.6万人次。在农业领域，1971—1974年，中国先后向塞拉利昂等12个国家派出了632名农业技术人员，建立了49个农业生产点。到1980年，中国一共向18个非洲国家派出农业技术人员。20世纪60年代至80年代初，中国在非洲兴建了87个农业项目、16个水利项目，向大多数非洲国家提供了农业援助，包括农业技术试验站、推广站和农场等。虽然援外八项原则提出应该"以无息或者低息贷款的方式"提供援助，但是这一时期中国对外援助主要是无偿援助，主要是提供经济建设和人民生活所需的物资，对于发展中国家提出的援助需求通常采取积极态度予以回应。

（二）20世纪八九十年代南南合作经历重大调整

20世纪80年代初，国际石油价格暴跌，金融市场利率不断升高，发展中国家经济发展条件恶化，经济增速下降，外债负担总额飙升，贫困人口数量上升，由主要发达国家主导的世界银行和国际货币基金组织提出结构调整计划，推动发展中国家进行以华盛顿共识为主要内容的经济改革，但是并未能帮助发展中国家摆脱贫困、实现发展。与此同时，改革开放初期的中国政府也将工作重心转移到国内的经济建设和实现四个现代化建设上来。于是，中国开始调整对外援助总体战略：一是降低对外援助规模，将援外资金额度压缩至与国民经济发展水平相适应的范围内；二是调整援助方式，减少物资援助和现汇援助，提高成套项目援助比例；三是减少新增援助项目，利用承包经营、租赁经营、合作经营等国内经济制度改革的经验，对中国早期援建的项目进行改制和改革，其中出现了不少成功的项目，例如，马里糖厂、卢旺达水泥厂以及布基纳法索的三个水稻垦区等；四是加强与国际多边机构合作，开始参与发达国家主导的发展援助体系，并且作为发展中国家中的一员，中国开始接受西方发达国家和国际多边机构的发展援助。

20世纪90年代，中国政府提出了包括"互惠互利，谋求共同发展"在内的对外援助四项基本原则。1995年，中国开始对外提供优惠贷款，为受援国经济发展急需的生产、建设项目等提供资金支持，这一模式既符合国际发展援助的主流，也避免了以往单纯提供资金、物资和技术等简单援助的弊病，促使援外项目的可持续性得到一定程度的提高。20世纪90年代中期以后，中国对外援助资金额度有所回升，并在2000年增长到45亿元人民币。在此期间，农业始终是中国对外援助的重要组成部分。

（三）21世纪以来中国逐步成为南南合作引领者

进入21世纪，尤其是近十年来，新兴经济体的崛起使得南南合作焕发生机，南南合作在全球治理中的影响力也随之提升。随着发达国家提供的发展援助进入低迷阶段，新兴经济体成为新的发展资金提供者和发展经验的贡献者，在国际发展合作中的重要性日益增强，传统的以西方发达国家为主导的多边国际机构愈加重视新兴经济体的力量，纷纷设立南南合作部门以加强合作，如联合国粮农三机构（指联合国粮食及农业组织、国际农业发展基金和世界粮食计划署）都专门成立了南南合作办公室。南方国家之间也从机制上加强了合作，各种区域合作机制相继建立，例如，亚洲的东盟合作机制日益成熟，非洲大陆也于2019年7月正式成立自由贸易区，在传统北方国家掀起"逆全球化"运动的背景下，南南合作成为全球治理的重要机制。与此同时，长期的经济快速增长促使中国成为世界第二大经济体，中国在南南合作中的地位也逐步发生改变，开始由最初的参与者向引领者转变，并更加积极主动地为南南合作贡献中国方案。

这一时期，农业合作开始逐渐成为重要领域，在联合国多次高级别发展筹资会议上，中国政府都表示要支持发展中国家农业的发展，并且逐步探索出一系列南南合作模式。例如，2015年9月，在联合国大会期间，中国与联合国共同举办了南南合作圆桌会议，宣布在未来五年向发展中国家提供"6个100"项目支持，并为发展中国家提供12万个来华培训名额和15万个奖学金名额，帮助培养50万名职业技术人员，中国还宣布成立"南南合作援助基金"，首期提供20亿美元，支持发展中国家落实2015年后发展议程。同时，中国与世界粮食计划署共同建立了南南合作卓越中心，与国际农业发展基金联合设立南南合作行动计划，在联合国粮农组织设立信托基金，多渠道开展农业领域的南南合作。此外，中国还通过"1＋N"合作机制与不同区域开展因地制宜、有针对性的南南合作。中国目前倡议建立的"1＋N"合作机制包括：中国—中东欧国家合作、中非合作论坛、中拉合作论坛、中阿合作论坛、中国—太平洋岛国经济发展合作论坛、中国—东盟合作机制等。这些合作机制各有侧重，针对不同发展中国家分别制定差别化的合作方案，如中国—中东欧国家合作更加注重产能合作，合作内容更多聚焦于投资、贸易和融资领域；中国—非洲合作更多关注农业和社会发展，合作方式更多倚重援助和优惠贷款等；中国—拉美合作更多关注农业和能源领域，合作方式则主要是投资和双边贸易；中国—太平洋岛国合作更多强调应对气候变化和发展清洁能源，合作方式则以援助为主；中国与东盟的合作则突出了互联互通，推动自贸区建设。

总体而言，当前，中国已经成为农业南南合作的重要引领者和贡献者。特别在共建"一带一路"框架下，中国与沿线国家和地区加强农业合作，助力当地提升农业生产能力，并围绕粮食减损的关键环节加强技术、工艺、装备等方面联合研发，为共同促进农业发展、维护粮食安全做出贡献。

三、农业南南合作的管理机制、原则和主要方式

在农业南南合作的发展过程中，中国已建立起一套总体运行较为有效的管理机制，形成具有指导性的合作原则，并在实践中探索出一系列有代表性的合作方式。

（一）农业南南合作项目的管理机制与主要原则

1. 中国农业南南合作的基本管理机制

中国开展的农业南南合作主要由农业农村部相关部门及事业单位从宏观层面进行管理和实施，在具体执行过程中则依托于地方农业主管部门、科研机构和企业等主体。例如，在中国与联合国粮农组织合作开展的南南合作项目管理方面，农业农村部代表中国政府参与中国—联合国粮农组织南南合作计划的管理工作，国际合作司作为南南合作项目的归口管理部门，全面负责项目实施工作。受国际合作司的委托，农业农村部下属事业单位，如对外经济合作中心与国际交流服务中心作为项目承办单位，具体负责执行项目。

2018年农业农村部对外经济合作中心荣获"南南合作"特别贡献奖

省级和县市级农业部门的积极参与和配合是能够选派合适专家的一个制度优势。南南合作项目对专家的一个典型要求是具备良好的技术实践能力，这些专家主要来自省级和县市级，依托省级和县市级的农业部门选派专家非常必要。南南合作项目对专家的工作经验和派出单位的支持要求非常高，大部分专家来自有着长期的援外传统的省份，通常会采取"以省包国"的方式，这是经常出现在中国双边援助的一种方式，来自同省份的专家组组长能够更好地发挥组织协调作用，省级农业部门也能够对本省份选派出去的专家进行更好的管理和协调。例如，在农业南南合作项目中，派到乌干达的专家主要来自四川省,派到纳米比亚的专家主要来自湖北省,派到蒙古国的专家主要来自内蒙古。除了"以省包国"以外,在选派专家时也会考虑东道国所需要技术在中国的对应性,畜牧业方面的专家主要从北方省份挑选专家,热带作物则主要从广西挑选,水稻等大田作物从湖北、四川等地选拔,水产则从安徽、江苏等地选拔,从而保证专家的技术能力符合东道国的要求。在选拔专家过程中,充分尊重专家的个人意愿,大部分农业专家对于执行援外任务非常积极,愿意到非洲国家开展技术合作活动。

2. 现阶段南南合作的基本原则和策略

中国在早期开展的南南合作中主要是基于国际政治和意识形态等因素考虑,忽视了在经济和发展领域的务实合作。自20世纪80年代以来,南南合作总体原则开始发生较大转变。1982年2月23日中国代表团顾问申健在"新德里磋商"会议(南南会议)上正式提出南南合作的五项原则:①南南合作应坚定不移地朝着发展独立的民族经济、加强集体自力更生的方向努力,并按照平等互利、互相照顾的原则进行;②南南合作的总规划应考虑到发展中国家的不同要求,使参加合作的各方都能受益,并且对最不发达国家的特殊困难给予优惠照顾;③合作的项目应根据实际情况力求切实可行,讲究实效,发挥各自的经济优势,共同提高自力更生的能力;④区域间和全球的经济合作,应该互相促进、互为补充;⑤南南合作应该有助于发展中国家的团结,增强同发达国家的谈判地位,促进国际经济新秩序的建立。自此,中国南南合作的总体方向有所调整,并体现出两个特点:第一,强调共享式发展,通过分享发展经验、技术资源和能力,以实现发展中国家的共同发展;第二,倡导树立自力更生的发展理念,发展中国家间技术合作应主要由发展中国家自己来进行组织和管理,最大化地利用当地的生产能力和资源,摆脱对发达国家援助的过分依赖。

经过数十年的发展变革,中国现已成为南南合作的引领者。中国一直秉持在南南合作框架下开展国际合作,中国政府发布的系列文件,如对非政策文件、中非经贸合作白皮书以及《中国的对外援助》白皮书等都坚持在南南合作框架下开展国际合作。2015年9月26日,中国国家主席习近平在纽约联合国总部出席并主持由中国和联合国共同举办的南南合作圆桌会议，发表讲话再次强调南南合作是平等互信的合作。随即，中国宣布捐资20亿美元建立南南合作援助基金，拓展了中国参与全球南南合作的方式和机制。

此外，中国在南南合作实践中形成了一系列新的合作理念。第一，中国的农业南南合作以东道国需求为导向，注重国际合作项目的可持续发展。在不少南南合作项目中，中国的农业专家技术员用数年时间深入农业生产一线，了解农民需求，因地制宜推广符合东道国农业生产条件和小农户承受能力的实用技术，这些技术符合当地需求，易操作、见效快、好推广，才能取得良好的减贫效果。第二，中国注重将发展合作与投资合作相结合，提升了南南合作项目的可持续性。在项目实施过程中，将中国农业对外合作战略与东道国需求相结合，因地制宜做好技术传播，通过延伸价值链、开发市场、促进双边交流等形式带动农业投资、贸易。通过项目平台引进负责任农业投资，发挥农业对外援助、投资、贸易的拉动作用，有效地解决了发展中国家农业基础设施落后、农资投入不足、市场连接不畅等问题，撬动了整个农业产业的生产活力，增强了南南合作项目的可持续性。第三，更加重视引入其他国际组织和发达国家等多方力量创新三方合作模式，坚持权责平衡，提升东道国参与南南合作的主体性。例如，中国注重发挥联合国粮农组织在南南合作项目中的作用，联合国粮农组织框架下的南南合作是一种以联合国系统为平台的多边合作模式，涉及的利益相关方多，各方空间距离远，协调难度大。为加强各方参与，提升南南合作项目有效性，项目三方协议中明确了各方职责（表3-1）。在此类三方合作项目中，东道国接受项目提供的技术支持，也要为项目提供必要的配套资金和物资，同时解决好各类突发性事件，为中国专家组在东道国开展工作提供良好保障。中国、联合国粮农组织、东道国三方各有项目协调员，共同参与项目在实地中的管理和协调工作。项目三方协议保证了各方的共同参与，建立了比较顺畅的多方合作机制，同时也提高了东道国人员参与国际项目管理和实施的经验和能力。

表3-1　中国、联合国粮农组织和东道国的三方职责

合作方	主要职责
中国	负责提供：1）项目资金；2）实物支持，包括设备物资和人员（南南合作外派人员，即专家和技术员）；3）面向东道国人员的能力发展培训机会，包括培训班、研讨会和访华考察团等
联合国粮农组织	协调：协调三方协议框架下各方的行动和联合国粮农组织技术部门的技术支持，以保证项目的顺利进行；编写南南合作战略、政策和指南；管理中国南南合作项目的资源分配。 促进：促进中国与其他发展中国家之间交流与转移发展解决方案；促进各方按照三方协议中各自的责任有效地执行项目。 伙伴关系：扩展项目执行中的伙伴关系（政府、国际机构和私营部门等）以改善项目的执行，扩大项目影响。 宣传：收集和宣传发展创新、成功经验和良好实践；通过合作网络、交流平台、南南合作重要活动，如高层论坛、全球南南发展博览会（GSSD）等，扩大中国南南合作项目的宣传。所有宣传活动将在农业农村部外经中心和联合国粮农组织驻华代表处支持下开展
东道国	东道国政府作为其国家项目（即国家农业发展战略、项目和计划）的主导者，应当察明并确定哪些领域和地区需要南南合作的支持。东道国政府指派农业部或相关部委签署三方协议，并由其负责南南合作项目的执行。东道国政府的主要职责主要包括： 通过自我评估，察明并确定需要南南合作提供支持的具体需求； 切实履行管理、技术、后勤和安全等义务，确保南南合作外派人员能够顺利开展工作； 积极有效地参与整个项目周期流程，并提供相应的配套资金，确保项目顺利实施； 选拔和派遣充足的合作伙伴参加项目活动

资料来源：中国—联合国粮农组织南南合作指南，2018年。

　　同时，"一带一路"倡议的顺利推进，为推动中国与沿线国家的纵深发展提供了难得的历史机遇，也为新时期的南南合作提供了新的发展动力，"一带一路"倡议所包含的"五通"发展理念等一系列内容也对南南合作具有重要指导意义。2017年，联合国南南合作办公室主任豪尔赫·切迪克表示，"一带一路"倡议已经成为南南合作领域非常重要的合作方案，它通过进一步加强广大发展中国家合作，带动"一带一路"沿线国家经济发展和基础设施建设，传播友谊和繁荣。推动南南合作发展，实现《2030年可持续发展议程》是联合国的重要目标，而"一带一路"倡议无疑将为联合国实现该目标做出重要贡献。对此，联合国没有错过"一带一路"倡议带来的难得机遇，联合国通过其强大的号召力和广泛的国家间关系网，为"一带一路"倡议提供了强有力的支持。联合国大会、联合国安理会等重要决议都纳入了"一带一路"建设的相关内容，多个联合国机构相继与中国政府签署了加强"一带一路"倡议合作备忘录。联合国对"一带一路"倡议的广泛支持，提升了"一带一路"倡议的公信力和国际认可度，也提高了中国在南南合作中的领导力。"一带一路"倡议也日益融入联合国的南南合作理念之中。

（二）中国开展农业南南合作的主要方式和经验

从当前中国参与全球农业南南合作的总体情况来看，根据合作渠道，可以将中国开展南南合作分为四种方式：①通过双边途径直接向发展中国家提供农业援助。②通过三方合作向发展中国家提供农业援助，通过和其他援助主体合作提供农业援助。③通过"1 + N"模式，主要有中非合作论坛机制、中拉合作机制以及澜湄合作机制等。④通过中国主导建立合作基金模式来开展农业援助和合作，如中国建立的南南合作援助资金、丝路基金等。

1. 通过双边途径和其他发展中国家分享农业发展经验

通过双边途径向发展中国家提供农业援助是中国参与全球农业合作最主要的途径，其主要区域是在非洲，无论是早期的援建农场、试验站，派遣农业技术专家，还是现在的在非洲建立农业技术示范中心、提供农业物资援助和粮食援助、派遣高级别农业技术组和高级农业专家以及开展农业援外培训等。目前中国已在非洲国家援建了近20个农业技术示范中心，集中展示中国先进农业品种技术，搭建多双边技术合作平台，探索市场化商业化可持续运营。截至2018年年底，中国已向37个非洲国家派遣农业技术、职业教育、高级顾问等71个援外专家组，共计724人次，传授农事管理经验，指导当地农民提高农业综合生产能力。2006年以来，中国农业农村部为非洲国家共举办农业培训337期，其中来华培训332期，海外培训5期，共培训6 260名农业管理官员、技术人员、农业从业人员。培训内容涉及农业经济、规划、管理、生产技术等，为提高非洲国家农业水平发挥积极作用。双边途径向发展中国家提供农业援助虽然方式各异，但其主旨就是要将中国的农业技术转移到发展中国家，希望通过示范、专家指导和培训等各种方式将适宜中国且创造了中国农业发展奇迹的农业技术介绍到发展中国家，希望其他国家能够使用中国农业技术，提高农业生产水平，促进粮食安全目标的实现。中国通过双边途径提供农业援助的重点区域是非洲国家，以中国在非洲援建的20多个农业技术示范中心为例，中国尤其重视对最不发达国家提供农业援助。

2. 通过三方合作向发展中国家提供农业援助

在农业三方合作中，中国最早参与的是联合国粮农组织农业南南合作，在2008年之前，中国以方案提供国的身份参与"粮食安全特别计划"，到2010年，中国签署了10份合作协议，累计派出技术专家1 000多名，派出人员最多、执行时间最长、产生影响最大的中国—尼日利亚南南合作一期项目被联合国粮农组织誉为全球"南南合作"的样板。2008年，中国政府决定向联合国粮农组织捐赠3 000万美元设立南南合作信托基金。2015年，中国政府做出继续向联合国粮农组织提供5 000万美元的新承诺，以支持中国—联合国粮农组织南南合作，改善粮食安全，促进发展中国家的可持续农业发展。2022年，为落实习近平主席关于设立中国—联合国粮农组织第三期南南合作信托基金的重要承诺，农业农村部与联合国粮食及农业组织签署了《中华人民共和国政府与联合国粮食及农业组织关于中国—联合国粮农组织第三期南南合作信托基金总协定》（简称《总协定》）。根据《总协定》，中国政府将向联合国粮食及农业组织捐赠5 000万美元，围绕减贫、粮食安全等全球发展倡议重点合作领域，加快落实联合国《2030年可持续发展议程》，促进发展中国家实现共同发展，首笔3 000万美元已到位。在南南合作信托基金的支持下，截至2017年年底，共实施了12个国别项目，包括刚果民主共和国、埃塞俄比亚、利比里亚、马拉维、马里、蒙古国（一期和二期）、纳米比亚、尼日利亚、塞内加尔、塞拉利昂和乌干达（一期和二期）等，派遣了300多名中国专家和技术员。中国专家和技术员为当地农民和技术人员开展实地示范和培训，组织了超过50个来华能力建设培训团组，包括高级官员和专家在内的500余人在项目支持下访问了中国。

此外，近年来，中国政府扩大三方合作的主体，根据合作对象的主体特征，当前中国合作的主体主要有三种类型：①和传统西方发达国家开展三方合作，如中国—美国—东帝汶农业三方合作、中国—英国—马拉维农业三方合作、中国—英国—乌干达农业三方合作以及正在规划设计的中国—德国—非洲国家的农业三方合作；目前越来越多的西方发达国家表达了和中国开展三方合作的意愿，如新西兰、意大利等。②和私营部门的三方合作，如中国—比尔及梅琳达·盖茨基金会—莫桑比克农业三方合作、中国—比尔及梅琳达·盖茨基金会—赞比亚农业三方合作等。③和多边机构的三方合作，如中国和世界银行在埃塞俄比亚、塞内加尔和莫桑比克开展的农业合作，和世界粮食计划署于2017年成立卓越中心来开展农业南南合作知识分享等活动，于2018年2月向国际农发基金提供了1000万美元的资金共同发起南南合作支持计划。由于三方合作的一方主体是有着丰富的发展援助管理和实践经验，并且在东道国有代表处或者管理机构设置的传统发达援助体，三方合作的基本特点是中国提供可以为其他发展中国家借鉴的农业生产技术和经验，传统发达援助体提供协调、管理、资金等。

3.通过"1＋N"模式和发展中国家开展农业合作

从2000年中非合作论坛开始，中国开始重视通过区域合作方式来开展农业合作，后来中国相继启动了中拉共同体合作论坛、澜湄合作等多个"1＋N"多边合作机制。在这些"1＋N"的合作机制中，中非农业合作方式更多以农业援助为主，辅之以必要的农业投资和贸易，合作领域主要为粮食作物，更多关注小农，合作目标更多是以促进粮食安全为主；中拉农业合作方式则以交流合作为主，合作领域则以现代农业为主，更关注规模农业，合作目标是促进相互学习和交流；澜湄合作则以交流和农业投资为主，关注跨境农业发展问题，以区域农业发展为目标。不过需要指出的是，"1＋N"合作项目仍然是以双边渠道为主来实现，但不同于双边援助的是，这样的合作机制更有利于在区域内采取共同的农业行动，形成区域性的品牌农业合作计划。从合作机制的内容来看，中非合作论坛机制是中国提供农业援助的主要平台。从中非合作论坛建立之初，农业一直都是合作的主要领域，从第三次论坛开始，每一次论坛有关农业合作的内容都在逐年增加，合作方式不断多样化，合作领域不断延伸，合作主体也在不断扩展。在2022年第七次中非合作论坛峰会上，在新的三年行动计划中，中国政府再次表示中非农业合作是重点，将要从产业发展、技术扩散、人才培养、扩大农产品进口和贸易等方面推进非洲农业的发展。

4. 通过建立合作基金模式参与农业合作

近年来，中国越来越多地开始倡导或支持设立各种开发性基金来用于支持发展中国家的发展，如2007年开始运营的100亿美元的中非发展基金，2014年设立的400亿美元的丝路基金，2016年设立的100亿美元的中拉合作基金等，这些基金通过支持企业投资来促进区域的经济社会发展，从各个基金投资领域来看，农业都是非常重要的。以中非发展基金为例，其在坦桑尼亚参与投资的剑麻农场，雇用当地长期工700多人，临时工300多人，不仅促进了坦桑尼亚剑麻产业的发展，还为当地人提供了稳定的就业机会；在马拉维、莫桑比克等国参与投资的中非棉业公司，通过"公司＋农户"的订单农业模式，为当地小农提供棉花种植投入以及收购棉花，促进棉农收入的增加。中国也开始设立援助型基金，2015年在联合国南南合作圆桌会议上，中国政府承诺捐资20亿美元设立南南合作援助基金，支持发展中国家落实《2030年可持续发展议程》；2017年，中国政府再次决定向南南合作援助基金增资10亿美元，目前南南合作援助基金总额达到30亿美元。该基金已经执行了多个紧急人道主义援助项目，还正在征集南南合作项目申报书，联合国粮农组织、一些发展中国家的农业部都向基金提交了项目概念书。

四、农业南南合作的典范：中国与联合国粮农组织的合作项目

中国政府高度重视并采取多项措施支持联合国粮农组织框架下的南南合作，中国是最早参与联合国粮农组织农业南南合作的国家之一，中国农业多边南南合作模式逐渐得到完善与拓展。

（一）中国与联合国粮农组织合作的历史回顾

自20世纪80年代以来，联合国粮农组织就一直支持中国开展农业农村投资项目。2006年5月，中国与联合国粮农组织签署了开展南南合作意向书，成为第一个与联合国粮农组织建立南南合作战略联盟的国家。2008年9月，国务院总理温家宝宣布，中国政府向联合国粮农组织捐赠3 000万美元设立

中国—联合国粮农组织南南合作信托基金，在支持南南合作和三方合作方面发挥了先锋作用。2012年中国政府在中非合作论坛第五届部长级会议-北京行动计划（2013—2015年）中承诺：积极支持联合国粮农组织在非洲开展的农业发展项目，在联合国粮农组织"粮食安全特别计划"框架下与非洲国家和地区组织开展粮食安全相关合作。2014年10月，国务院总理李克强宣布，中国政府继续向联合国粮农组织捐赠5 000万美元设立中国—联合国粮农组织第二期南南合作信托基金。2015年，习近平主席在联合国主持南南合作圆桌会议并发表重要讲话，为南南合作升级提供了新理念、新模式和新动力，引领南南合作实现历史性新跨越；同年9月，在联合国成立70周年系列峰会期间，习近平主席宣布5年内提供"6个100"项目支持，包括100个减贫项目、100个农业合作项目、100个促贸援助项目、100个生态保护和应对气候变化项目、100所医院和诊所、100所学校和职业培训中心，帮助实施100个"妇幼健康工程"和100个"快乐校园工程"，设立南南合作援助基金，设立中国—联合国和平与发展基金，提供来华培训和奖学金名额，免除有关国家无息贷款债务，设立南南合作与发展学院和国际发展知识中心等重要举措。2017年，中国依托"一带一路"合作平台，加大与其他发展中国家的南南合作力度。在首届"一带一路"国际合作高峰论坛上，习近平主席宣布未来3年内提供600亿元人民币援助，建设更多民生项目；提供20亿元人民币紧急粮食援助，向南南合作援助基金增资10亿美元；向有关国际组织提供10亿美元等一系列重要举措。

作为最早参与联合国粮农组织"粮食安全特别计划"框架下南南合作的国家之一，中国已经成为联合国粮农组织多边框架下南南合作的最大的促进者、支持者和参与者。截至2020年年底，中国和联合国粮农组织的农业项目在南南合作信托基金的支持下，共组织实施了25个南南合作项目，向非洲、亚洲、南太平洋、加勒比地区的近30个发展中国家，包括刚果（金）、埃塞俄比亚、利比里亚、马拉维、马里、乌干达、纳米比亚、尼日利亚、塞内加尔、塞拉利昂、蒙古国（一期和二期）等，派遣了近1 100名农业专家和技术员，约占联合国粮农组织南南合作项目派出总人数的60%。中国专家和技术人员为当地农民和技术人员开展实地示范和培训，让全球超过100万农民从中受益，为推动发展中国家农业发展和解决粮食安全问题做出了重要贡献。

近年来，中国持续加大对全球发展合作的资源投入。2020年，习近平主席在第七十五届联合国大会一般性辩论上发表重要讲话，宣布中国将设立规模5 000万美元的第三期中国—联合国粮农组织南南合作信托基金，进一步促进了发展中国家间农业创新和经验分享，为实现2030年可持续发展目标，确保人人享有粮食安全和营养做出积极贡献。2022年3月，中国农业农村部与联合国粮农组织签署总协定，正式启动第三期南南合作信托基金[①]。希望各方凝聚共识，更好发挥南南合作信托基金作用，在减贫、粮食安全等领域深化国际合作，促进发展中国家共同发展。2022年6月，习近平主席在主持全球发展高层对话会时宣布，中国将加大对全球发展合作的资源投入，把南南合作援助基金升级为"全球发展和南南合作基金"，并在30亿美元基础上增资10亿美元[②]，支持开展全球发展倡议合作，进一步促进高质量伙伴关系的构建。

（二）中国与联合国粮农组织合作的项目类型

近年来，中国和联合国粮农组织的农业南南合作已进入深化和提质阶段，项目合作的类型十分丰富。在国别项目的基础上，主题不断聚焦与拓展，形式平台逐渐与中国"一带一路"倡议相融合，跨区域合作专题项目日趋成熟，在农业合作机制建设、农业科学技术分享以及农业贸易投资领域表现尤为突出。从项目目标来看，中国和联合国粮农组织的农业南南合作，一方面通过投资种植业与畜牧业等重要产业，与发展中国家建立密切的贸易投资关系；另一方面，不仅通过国内各省份农科院以及各级农业科技国际合作平台积极发展农业科学技术，派遣专家指导，而且逐步在农食系统、气候适应、病虫害防治等可持续发展领域进行能力建设、注入创新活力。能力建设

---

① 农业农村部与联合国粮农组织推动南南合作促进农业发展，http://m.news.cn/2022-03/02/c_1128430845.htm。
② 构建高质量伙伴关系 共创全球发展新时代——在全球发展高层对话会上的讲话（2022年6月24日），http://cpc.people.com.cn/n1/2022/0625/c64094-32456211.html。

的具体方式也在不断突破：将对农业生产环节的关注拓展到将其与食品营养与健康建立有机联系；将农业价值链市场扩大与饮食文化拉动的国内消费需求建立有机联系；将出口能力与海关规约辅导建立有机联系，进而使受援方的农业可持续发展与国内外市场需求拉动及价值链的有效供给紧密关联，既关注贫困与饥饿之"标"、又治理内在驱动与永续发展之"本"。

（三）中国与联合国粮农组织合作的典型案例

1. 中国—联合国粮农组织—尼日利亚南南合作项目

农业是尼日利亚的重要经济部门。但是由于受到各种自然、历史、国内、国际等因素的影响，曾经是农业国并依靠农产品出口获取外汇收入的尼日利亚，如今农业生产方式仍以小农为主，基础设施差，生产技术落后，粮食不能自给，需大量进口，这严重影响了尼日利亚的粮食安全和国民经济的健康发展。

2002年，尼日利亚总统奥卢塞贡·奥巴桑乔总统在出访中国时看到了小型水坝对提高作物产量和改善小农生计的重要作用之后，向中国政府提出了请求，邀请中国专家帮助尼日利亚建设小水坝。经过中尼专家联合评估，发现尼日利亚的农业发展优先重点非常广泛。

尼日利亚时任总统奥巴桑乔视察微型示范项目

因此，2003年3月，尼日利亚政府与中国政府、联合国粮农组织签署了"中尼南南合作一期项目"协议，明确由中国政府组织南南合作专家组，在水资源管理、作物生产及多种经营（含畜牧、水产养殖）等领域为尼日利亚提供技术援助。在一期项目取得积极成效后，2008年10月，三方又签署了二期项目协议，该协议执行期5年。

（1）项目实施

中尼南南合作项目中，联合国粮农组织提供中期和长期技术支持，尼日利亚政府全额出资，中国政府根据尼日利亚政府需求，分批派出专家和技术人员，以传播一些在中国经过验证并证明有效的农业发展问题解决方案。具体执行由联合国粮农组织驻尼代表处和驻华代表处、尼日利亚国家粮食安全计划项目局（NPFS）、中国农业农村部对外经济合作中心分别代表三方落实。

第一，整合多方资源，明确各合作主体的职责

联合国粮农组织提供中期和长期技术支持，尼日利亚政府全额出资，中国政府根据尼日利亚政府需求，分批派出专家和技术人员，传播中国经过验证并证明有效的农业发展问题解决方案。

联合国粮农组织代表东道国政府支付的月津贴总额（专家每人1 500美元/月、技术员每人900美元/月）。在单方信托资金项下，尼日利亚政府存入与协议中联合国粮农组织职责相对应的资金。

第二，中方选派专家多次赴尼，提供多领域技术支持

中国分19个批次向尼日利亚选派了来自国内21个省（自治区、直辖市）的专家技术员。其中，在一期项目中，中方派出496名专家和技术员，分布在尼日利亚36个州和联邦首都地区，每人在该地区常驻两年；在二期项目中，中方派出78名专家和技术员，分布在15个州和联邦首都地区。

尼日利亚政府基于一期发现的薄弱环节，在二期项目中设立了区域多功能推广中心用于开展各种技术的培训和示范。该国六个地理行政区各设有一个中心，帮助强化该项目与尼日利亚各州和联邦当局之间的关系。其中五个中心设在农业院校，一个由当地农业发展计划管理。中国农业专家和技术员

主要在以下五个专业领域开展了技术培训与示范推广工作。

一是农田水利领域。中国专家和技术员在尼日利亚共推广水利实用技术36项（如节水灌溉、打井等），完成节水示范工程65处，灌区配套45处，拦水土坝25座，池塘14处，机井110眼，手压井40眼，发展水窖10处，促进了当地水资源的合理开发与利用。

中国专家指导建成的微型项目基础设施——水车

二是作物集约化生产领域。中国专家和技术员在作物集约化生产方面共推广实用技术226项（如水稻生产、果树嫁接等），取得合作成果198项。其中，一批富有中国特色的作物栽培、农机具、果园建设及农产品加工的新技术、新方法得到了广泛推广和应用。

三是水产养殖领域。中国专家和技术员在水产养殖领域示范推广了网箱养鱼、综合生态养殖、鱼苗繁殖及鱼病防治等实用技术50项，取得合作成果34项，使一批水产新技术、新方法得到广泛推广和应用。

四是畜牧生产领域。中国专家和技术员示范推广了57项畜牧实用技术，主要涉及畜禽养殖（家禽、牛、猪、小型反刍家畜、家兔等）、饲料配方的改进、家禽孵化和人工授精、牧草种植与饲料加工、疫病防治等，取得合作成果38项。

中国专家田间指导农民进行西瓜种植

中国专家指导的网箱养鱼获得丰收

五是养蜂及其他领域。中国专家和技术员在养蜂、竹业、食用菌、农村能源及节柴灶建设中，共推广实用技术3项，取得合作成果24项。

中国专家传授鸡的防疫技术

中国专家示范野蜂收集扩繁技术

第三，贫困人口通过多种方式参与项目

一是贫困人口直接参与培训。项目10年期间累计对310万人次进行了南南合作计划引进的各种技术、田间管理方法的培训。受训的生产者、加工者、商人等有组织的行业团体以及尼日利亚各州的农业部门项目官员均从项目中直接受益。

二是通过区域多功能推广中心系统性推广技术，使更多人能够采用。区域多功能推广中心将中国专家和技术员传播的技术通过培训和示范进一步扩散，使区域内的小规模经营者均能采用。

三是参加培训的人员将技能传授给身边农户。培训帮助直接参训人员学会新技术，提高单产和收入，参训人员又把学到的技能传授给身边的其他农民。如生活在尼日利亚洛科贾区域多功能推广中心的一位年轻母亲，经过中国专家培训后学会了种植和管理作物的新方法，蔬菜单产得以提高了30%，之后她又教会了身边的邻居。

（2）项目成效

在项目执行的10年间，中国专家和技术员在农田水利、农作物生产、畜牧水产养殖和农产品加工等多个领域为尼日利亚提供农业技术援助，对提高尼日利亚的农业生产能力、农户收入等方面产生了积极影响。联合国粮农组织将中国—尼日利亚南南合作项目誉为全球南南合作的样板。

通过技术指导，提高农业生产能力，增加粮食产量。派驻凯比州（Kebbi State）的专家通过指导当地农民开展水稻种植、农场规划、农田管理等工作，利用技术培训、现场示范等多种方式使农民掌握了技术要领，使当年的粮食产量从以往的3.3吨/公顷左右提高到了4.8吨/公顷，达到了近年来的新高，农民种植面积扩大了近1倍。

引进新技术，增加小农户收入，减轻贫困程度。以水产养殖技术为例，网箱养鱼和稻田养鱼尤为成功。当地人用传统的方法下网捕鱼，但对于收获完全不可预知。中国专家和技术员帮助区域多功能推广中心的工作人员修建了鱼苗孵化场和养鱼池，教会尼日利亚一线农技推广人员学会用竹竿、空油桶和尼龙网制作养鱼网箱的方法。这些网箱（2米×2米）使得成鱼更便于管理和收获，产量大幅提升，可在6个月内将鲇鱼养到1千克，每次可收获价值5 600美元的鲇鱼，带来较好的经济效益，使当地农民的收入大幅增加。在卡其纳州，农民自发组成养鱼合作社，其成员用赚的钱盖起了新房，还购买了4辆摩托车做起买卖。

（3）案例故事

中国技术专家在奥逊州（Osun State）奥新（Osin）农场示范推广畜禽养殖技术。中国专家手把手传授农场工人消毒、公鸡采精、母鸡输精等操作技术，帮助该农场工人掌握了各项技术的操作要领，极大地提高了种蛋受精率，使种蛋受精率在95%以上，比平养自然交配种蛋受精率提高了15个百分点。该项技术的推广实施，不仅减少了公鸡的饲养量，节约了饲养公鸡的费用，又进一步提高了种公鸡利用率，为农场增加经济收入预计达100万奈拉（2 228美元）。

此外，还开展鸡蛋孵化指导工作。中国专家指导农场技术员制订周密的孵化计划，认真校正、检验孵化器的性能，注意孵化管理的运转情况，同时通过照蛋、观察胚胎发育情况等措施，及时调整孵化温度、湿度，保证孵化的温度、湿度、通风、翻蛋等程序始终控制在最佳范围。孵化场每周孵化两批次共计27 000枚鸡蛋，出雏率80%以上，项目期间孵化鸡苗108万羽，创产值1亿奈拉（22.28万美元）。

中国专家指导设计蛋孵化水床，批孵化量可达1 000～2 000枚

（4）启示与经验

一是国际合作是解决落后国家农业技术落后的重要途径。中尼南南合作项目中，中国专家和技术员在农田水利、农作物生产、畜牧水产养殖和农产品加工等多个领域为尼日利亚提供支持。双方的国际合作帮助尼日利亚加强了农业基础设施建设，提高了农业技术水平，从而有效保障其粮食安全，并推进农业现代化的发展。

二是国际合作重视提高东道国的内生发展动力。贫困人口通过多种方式参与到农业技术学习中，不仅直接参与培训，还将学到的技术传授给身边人，在学习、增收的过程中提高了自身的内生发展能力。而且，中尼南南合作项目中，中方示范项目传播的技术、开展的各项能力建设已经在尼日利亚落地生根，广泛传播，有利于尼日利亚农业领域的长效发展，增强国家的内生发展动力。

2. 中国—联合国粮农组织—乌干达南南合作项目

农牧业在乌干达的国民经济中占主导地位，但由于以小农户为主，这些领域的发展受到财政、技术、投资、耕作方式等多方面限制。为帮助乌干达解决这些问题，中国政府分别于2012—2014年和2015—2017年在乌干达开展了两期南南合作项目，提供谷物、园艺、水产、畜牧等方面的技术支持，提高生产能力，保障食品安全，同时通过发展农业价值链，提高农产品附加值，吸引农业投资，促进农民增收。

（1）项目实施

在中国—联合国粮农组织南南合作信托基金支持下，中国农业农村部分别于2012—2014年、2015—2017年在乌干达实施了两期南南合作项目，共派出47名农业专家技术员，累计利用信托基金约350万美元。

一期项目重点支持乌干达"发展战略及投资计划"的实施，专业领域涉及水利、作物集约化和多样化管理、粮食存储、食品安全和市场营销。二期项目支持《乌干达农业领域发展规划（2016—2020）》，重点领域包括园艺、谷物、水产、畜牧、农业综合经营。

第一，明确各合作主体的责任和义务

联合国粮农组织总部和联合国粮农组织驻华代表处分别成立联合国粮农组织南南合作项目管理团队，负责总部、区域和次区域的相关部门联络工作，主要联络内容包括项目管理、运行与财会事务、监测与评价、采购以及支持服务等。

中国农业农村部和中国常驻联合国粮农机构代表处组成中方南南合作项目管理团队，负责项目的具体实施、协调和跟进，以及建立统一的标准和实施方法。在南南合作信托基金支持下，中国农业农村部共派出47名农业专家技术员，累计利用信托基金约350万美元，在谷物、园艺、水产、畜牧等方面为乌干达提供技术支持。在技术支持的同时，中国专家组通过发展农业价值链，提高农产品附加值，吸引农业投资，激发农业产业活力。

乌干达农牧渔业部负责南南合作项目的执行。主要职责包括：通过自我评估，查明并确定需要南南合作提供支持的具体需求；履行管理、技术、后勤和安全等义务，确保南南合作外派人员能够顺利开展工作；积极有效地参与整个项目周期流程，并提供相应的配套资金，确保项目顺利实施；选拔和派遣充足的合作伙伴参加项目活动。

第二，各合作主体共同制定项目规划

项目规划由中、乌、联合国粮农组织三方共同协调制定，分为"预规划"和"三方联合规划设计"两部分。

"预规划"目的在于使乌方了解南南合作的原则、模式以及三方协议中各方的责任；收集乌农牧渔业发展和粮食安全重点领域正在执行的主要项目的有效信息；查明可以作为项目参与单位的机构和工作点；为必要的实地考察和技术会议做好前期准备。

"三方联合规划设计"由中国农业农村部、乌农牧渔业部、联合国粮农组织共同开展，为期两周。规划期间，三方将完成项目规划设计方案，编写项目描述文件（包括项目内容、资金预算、项目地点、职责要求等）。

第三，中方专家组提供技术支持，探索新型农业模式

两期项目里，中国专家组在20个项目点实施了50多个示范项目，传播实用农业技术64项，引进适宜的优良品种85个，撰写各类调研报告80篇。例如，示范项目涉及水果、蔬菜、食用菌、稻田养鱼等；农业技术涉及杂交水稻、狐尾小米、病虫害管理等。

在做好生产指导的同时，中国专家组通过红薯粉、牛肉干等农牧加工示范项目延长价值链；通过"企业＋农户"方式拓宽市场销售渠道；通过指导"稻田养鱼""中国模式沼气""循环农业""休闲农业"等方式，开启了当地农业新模式，全面提高农业的经济、社会与生态效益。

此外，中国专家组还与合作伙伴一起面向项目点附近的目标团体，即农民、农民合作社、政府下属的农业企业以及农技推广部门等，开展技术咨

询。例如，布达卡（Budaka）项目点以谷物技术推广为主，对周边农户开展水稻、小米、玉米-大豆套作高产栽培技术指导；卡贝拉（Kabale）项目点以园艺技术推广为主，专家组在对项目点内的蔬菜、食用菌种植大户进行全面基线调查的基础上，开展定期的技术指导和答疑，为当地食用菌培训中心提供技术服务。

中国专家指导乌技术人员进行食用菌菌种检测

第四，中方提供渠道以加强乌方能力建设

能力建设主要包括实地培训和访华考察两种形式。

实地培训的模式多种多样，因地制宜。培训之前，中方专家组以及合作伙伴开展简单的需求调查，并编写培训计划。实地培训结束之后，中方专家组提交培训过程和结果报告。这些培训包括园艺、畜牧、杂交水稻、狐尾小米、水产养殖、沼气技术等。两期项目里，共组织培训班近200次，参训近8 000人，培训乌农民、技术人员达15 000人。

中国专家开展狐尾小米种植技术指导培训

根据项目管理规定，乌干达政府可以在项目启动6个月后申请第一批访华考察。两期项目里，项目共开展了4次访华考察，考察内容主要涉及中国农业发展、项目实施管理、科技示范推广、农牧业生产模式、品种资源、价值链开发、企业投资等。

（2）项目成效

中乌南南合作项目通过技术推广、建设中乌农业合作产业园的方式，全面提升乌干达农牧渔业的技术水平，并提高贫困人口的生产生活质量。

第一，中方提供技术支持，乌方多领域水平明显提升

该项目为乌干达在多领域提供了技术、能力等方面的支持，有效提升了其在农牧渔业的生产能力和粮食安全水平，经济效益明显，推动了乌农民增收和农村减贫。

粮食生产方面，产量明显增多，农业生产能力有效提升。 杂交水稻产量达9～10吨/公顷，约为本地高产品种的3倍；杂交小米产量为当地常规品种的2～3倍；项目的示范带动了乌境内10多个行政区种植小米70公顷（约1000亩），杂交水稻60公顷（900亩），促进了当地农民增收、粮食自给自足，提高了农业生产能力，极大地增强了乌发展农业、提高了粮食安全水平的信心。

中国专家组示范的杂交水稻获丰收

园艺方面，开展新型技术试验，在大面积生产应用中极有价值。 在两期项目推动下，中国苹果砧木良种繁育进入大规模生产阶段，中方指导乌农科院开展苹果砧木繁育150万株，是过去4年总量的2倍；开展食用菌、马铃薯试验生产及杧果实蝇、柑橘黑斑病的防治试验，在大面积生产应用中极有价值。

畜牧养殖方面，养殖规模明显扩大。专家组设计利用氨化饲料、种植象草以解决饲料质量和旱季缺草问题，提高秸秆的营养价值，增加牲畜的可食性和适口性；针对进口鸡笼成本高、养殖户难以承担的问题，专家组自行设计木制鸡笼并积极推广，为扩大养殖规模和集约化生产提供了有效手段。

中国专家指导的园艺工作获当地农民赞扬

中乌技术人员向当地民众介绍低成本自制鸡笼

水产养殖方面，开发新型生产方式。渔场设计、鱼苗孵化、幼苗运输、鱼塘设计及养殖、稻田养鱼、饲料加工等6个示范项目，使小规模饲料加工产量每天达到800千克，使鱼苗孵化率从20%提高到80%、幼苗运输成活率从79%提高到98%以上。稻田养鱼已成为当地农民增收致富的一种新型生产方式。

乌干达稻田养鱼农机培训

第二，建设中乌农业合作产业园，全面提高生产生活质量

该项目将发展合作和投资促进相结合，在为乌农业发展提供实用农业技术的同时，通过引入私营部门，建设中乌农业合作产业园等方式，有效地改善了当地的基础设施、延长了农业生产价值链、全面提高了农民的生产生活质量。

乌干达总统穆塞韦尼为中乌农业合作产业园奠基

解决了当地农业生产的技术、农资与市场问题。园区采用"公司＋农户"模式，为当地农民提供良种、农资及免费技术服务，同时按照合同收购农产品，搭建农户与市场之间的桥梁。目前已为当地840公顷（约1.2万亩）水稻种植区提供必要的物资供应与技术指导，形成了以核心园区为龙头，梯次辐射带动当地农业发展的局面。

改善了农业农村基础设施，保障了农业生产和民生。园区投资20万美元在附近打机井3口、建水池4个，解决了周边1 200多户村民的生产生活用水问题，受到了当地民众的热烈欢迎。

增加了就业机会，拓宽了农民增收渠道。目前，园区在当地招聘留学欧美本科以上学历的中层管理者6人；聘用专门从事示范区工程与田间管理工作的当地长期雇员216人；由于农业操作的季节性，临时聘用人员达1 000人次以上。当地人都以进入园区工作为荣。随着园区建设的不断推进，计划将

带动当地直接就业人数逾万人。

（3）案例故事

Robert Sageula是生活在乌水稻产区布达来加区的农民，家里有10口人，其中有6个儿子。自从中国南南合作专家来指导种植水稻，他就成了这个区域的示范户。之前他也种植了2英亩[①]的水稻，中国的农业技术专家为其提供了杂交水稻品种，并教他如何进行成行移栽和田间管理，使他种植的水稻产量增加了1倍。第一年他种了2英亩水稻，每英亩的产量达到了4吨，并且由于水稻质量好，可以碾出2 350千克大米。而若使用当地的品种，每英亩只能收获2吨水稻，碾出1 000千克大米。杂交水稻碾出的大米要比当地品种的价格高出200先令/千克（0.06美元/千克）。

Robert发现种植杂交水稻是一件很有利润的事情，种植杂交水稻和当地品种比较，1英亩杂交水稻只比当地品种多用3袋化肥（360 000先令，合108美元）和10千克种子（350 000先令，合105美元），种植成本提高了710 000先令（213美元）。但是1英亩杂交水稻能够比当地品种多获得1 350千克大米，每千克杂交大米的价格为2 500先令（0.75美元），可增收约3 375 000先令（1 000美元）；每千克杂交大米的价格比当地品种要贵200先令（0.06美元），可增收约200 000先令（60美元），这样种植1英亩的水稻可以增收1 060美元，每英亩水稻的收益可达1 500美元。

Robert发现种植水稻收益可观，就扩大了水稻种植的面积，种植了5英亩水稻。种植杂交水稻以后，他挣的钱供儿子上私立学校，每年的学费需要400多美元。他还翻盖了两栋新房子，成为当地富裕的农户。

（4）启示与经验

一是以东道国需求为导向，是国际合作项目可持续发展的前提。南南合作项目中，中国专家技术员用两年甚至更长的时间深入农业生产一线，了解农民需求，因地制宜推广符合东道国农业生产条件和小农户承受能力的实用技术。这些技术符合当地需求，易操作、见效快、好推广，才能取得良好的减贫效果。

---

① 1英亩≈0.405公顷。——编者注

二是将发展合作与投资合作相结合，提升了南南合作项目的可持续性。在项目实施过程中，将中国农业对外合作战略与东道国需求相结合，因地制宜做好技术传播的同时，还通过延伸价值链、开发市场、促进双边交流等形式带动农业投资、贸易。通过项目平台引进负责任农业投资，发挥农业对外援助、投资、贸易的拉动作用，有效地解决了非洲国家农业基础设施落后、农资投入不足、市场连接不畅等问题，撬动了整个农业产业的生产活力，增强了南南合作项目的可持续性。

三是项目由中、乌、联合国粮农组织三方共同实施，坚持权责平衡，提升东道国参与南南合作的主体性。与以往的单方面援助项目相比，联合国粮农组织框架下的南南合作是一种以联合国系统为平台的多边合作模式，涉及的利益相关方多，各方空间距离远，协调难度大。为加强各方参与，提升南南合作项目有效性，项目三方协议中明确了各方职责。乌干达作为项目东道国，在接受项目提供的技术支持的同时，也要为项目提供必要的配套资金和物资，同时解决好各类突发性事件，为中国专家组在乌开展工作提供良好保障。中方、联合国粮农组织、乌方各有一名项目协调员，共同参与项目在实施中的管理和协调工作。项目三方协议保证了各方的共同参与，建立了比较顺畅的多方合作机制，同时也提高了乌方人员参与国际项目管理和实施的经验和能力。

3. 中国—联合国粮农组织—马达加斯加南南合作项目

马达加斯加是世界最不发达国家之一，总人口约2 520万（2017年），其中农村人口80%以上，贫困人口占66.3%。国民经济以农业为主，农业人口占全国总人口80%以上。马达加斯加自然条件优越，气候温和，光照充足，水资源丰富，非常适合农业发展，主要农作物为水稻（包括旱稻）、木薯和玉米，22个大区都能种植水稻（包括旱稻），水稻种植面积占非洲水稻种植面积的17%。但由于历史、社会和自然灾害的原因，马达加斯加农业基础设施非常薄弱，技术服务与培训落后，飓风、暴雨和蝗灾等自然灾害多发，抗灾能力很差，耕作技术粗放，种子退化，农业投入不足，谷物单产很低，农业生产资料依赖进口，价格昂贵，导致农业发展严重滞后，粮食至今不能自给，每年需进口粮食数十万吨。畜牧业发展同样问题重重，由于养殖技术缺乏、饲草供应不足、基础设施差等问题，畜牧业发展十分落后，加上疫病防控技术落后，诊疗条件缺乏，羊舍卫生条件差导致病死率高。据统计，马达加斯加目前有20万～35万人正在挨饿，儿童情况更是堪忧，3岁以下的孩子中，约半数发育受阻。

为提高马达加斯加农业生产能力和粮食安全水平，2018年12月，中国政府、联合国粮农组织与马达加斯加政府签署了为期两年的《中国—联合国粮农组织—马达加斯加南南合作项目三方协议》，明确由中国政府派出南南合作专家组，在杂交水稻生产、畜牧和农业综合经营等领域为马达加斯加提供技术援助。

（1）项目实施

应马达加斯加政府要求，为支持马达加斯加"农牧渔业"项目（PSAEP）和"国别规划框架（CPF）"，中国农业农村部于2019年9月选派9名农业专家和技术员，重点在杂交水稻生产、畜牧和农业综合经营等领域为马达加斯加提供技术援助。

中国—联合国粮农组织—马达加斯加南南合作项目主要涉及三方主体，分别是联合国粮农组织，马达加斯加农业、畜牧业和渔业部及中国农业农村部。由中国农业农村部选派的中国专家组负责项目的具体实施，中国专家组分布在马达加斯加3个大区和首都安塔那那利佛，长期专家和技术员的派驻时间为24个月。后期还将有4名短期专家赴马工作，每人每年派驻时间为2个月。

中国、联合国粮农组织、马达加斯加三方各指定一名协调员，负责磋商、协调和监督工作进展。马达加斯加政府为中国专家组在相应领域分别匹配了合作伙伴，为中国专家组在当地开展技术指导和培训推广等活动提供支持。中国—联合国粮农组织—马达加斯加项目参与者关系导图见图3-1。

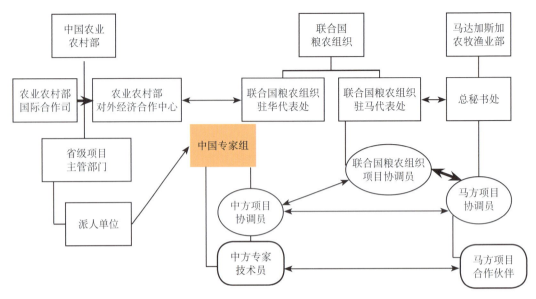

图3-1 中国—联合国粮农组织—马达加斯加项目参与者关系导图

(2) 项目成效

项目执行对提高马达加斯加的农业生产能力、农户收入等方面产生了积极影响，尤其是在新冠疫情之下显得尤为重要。2020年初，全球暴发新冠疫情，这不仅仅是一场健康危机，对全球粮食安全也产生了重要威胁，特别是粮食问题严重的非洲地区。疫情不但导致经济衰退，增加农村贫困和饥饿问题，同时导致食品供应链中断，对全球食品供应和价格产生重大影响。在这种背景下，提高农业自给自足能力是应对新冠疫情的重要内容，而中国—联合国粮农组织—马达加斯加项目为此进行了有益探索，产生了积极成效。

第一，在种植业领域，提高粮食产量

中国专家组在杂交水稻高产栽培示范和杂交水稻制种、杂交水稻病虫害植物保护、水稻收割后加工及稻米质量评估方面示范推广实用技术。其中，一批具有中国特色的杂交水稻栽培技术、农机具使用技术得到了广泛推广和应用。

派驻马义奇（Mahitsy）项目点和扎卡（Ambatondrazaka）项目点的专家们通过指导当地农民开展杂交水稻种植、农场规划、农田管理等工作，利用技术培训、现场示范等多种方式使农民掌握了杂交水稻生产技术要领，使当年的粮食产量从以往的2.8吨/公顷提高到了10.28吨/公顷。马达加斯加农业、畜牧业和渔业部长及联合国粮农组织驻马达加斯加等四国总代表对马达加斯加杂交水稻丰收欣喜不已，表示今后将加大杂交水稻种植面积，确保国家粮食丰收。

中国专家组田间指导马达加斯加农民进行杂交水稻播种前秧田准备

中国专家组在马义奇基地指导杂交水稻移栽技术

中国专家组现场指导马达加斯加示范农户田间管理技术

中国专家组开展杂交水稻催芽技术培训

二是在畜牧业领域，优化畜禽生产

畜牧业生产实用技术，主要涉及畜禽养殖（家禽、牛、猪、小型反刍家畜等）、饲料配方的改进、家禽孵化和人工授精、牧草种植与饲料加工、疫病防治等。

迪戈（Diego）项目点以畜牧业生产技术推广为主，专家组对项目点内的养殖小反刍动物大户进行全面的基线调查，在此基础上，开展定期的技术指导和答疑，为当地小反刍动物养殖培训中心提供技术服务。专家组设计利用氨化饲料、种植象草以解决饲料质量和旱季缺草问题，提高秸秆的营养价值，增加牲畜的可食性和适口性。2020年4月初，中国专家组与马达加斯加合作伙伴对示范种植的人工牧草进行了第一次收割。根据现场测产测算，1 000平方米牧草示范区单次可收割鲜草5.4吨，每公顷人工牧草鲜草产量为54吨，而马达加斯加自然生长条件每公顷牧草鲜草产量为5吨，牧草种植示范区人工牧草的单次产量达到了当地自然生长条件下牧草产量的10倍以上，基本实现了预期目标。在马达加斯加北部旱季时间长达7个月时间内，按照每只羊每天需要采食牧草4千克计算，1公顷人工种植的牧草可以满足当地320头小型反刍家畜的旱季牧草需求，人工牧草种植、加工技术的培训与推广可以有效缓解当地小型反刍家畜旱季牧草短缺的状况。

中国畜牧专家对迪戈项目点示范户进行技术指导

中国畜牧专家在迪戈项目点栽种牧草

迪戈项目点种植的牧草喜获丰收

三是在综合发展领域，创新合作模式

传播中国发展理念。中国援外专家组在示范推广中国农业实用技术的同时，更重要的是注重传播中国农业的发展理念、发展经验，并注重提升农产品价值链、环境保护以及对气候的影响等，更好地促进了农业新技术、新方法的推广和应用。

采用"公司+农户"模式。南南合作项目依托当地合作伙伴，为当地农民提供良种、农资及技术服务，同时按照合同收购农产品，搭建农户与市场之间的桥梁。为水稻种植区提供必要的物资供应与技术指导，形成以南南合作项目示范基地为龙头，梯次辐射带动当地农业发展的局面。在做好生产指导的同时，"公司+农户"方式又进一步拓宽了市场销售渠道，延长了农业价值链，提高了农产品的市场化水平和农民收入水平，全面提高了当地农业的经济、社会与生态效益。

关注妇女和青年就业。在项目执行中，关注妇女的参与性，中国专家组选取了当地农户含塔（Rafaravololona Hanta）女士作为马义奇杂交水稻项目点示范对象，参与项目的实践、播种和田间管理。此外，畜牧小组迪戈项目点的小反刍动物养殖示范户也安排了妇女参加示范学习。迪戈、扎卡项目点的翻译和合作伙伴都是青年女性，青年占比达75%。

马义奇项目点合作伙伴丽莎（左）和琪力（右）播种杂交水稻

（3）案例故事

Andre 是马达加斯加水稻主产区扎卡区的一个普通农民。自从中国杂交水稻进入马达加斯加，他就成了这个区域的示范户。他种植杂交水稻，主要依靠中国的袁氏种业（马达加斯加）农业有限公司为其提供杂交水稻品种，并教他如何进行成行移栽和田间管理，使他杂交水稻的产量增加了1倍多。

2020年他种了15公顷杂交水稻，每公顷的产量平均达到了9吨，并且由于杂交水稻质量好，每吨可以碾出680千克大米。而若使用当地的品种，每公顷只能收获3吨水稻，每吨只能碾出640千克大米。杂交水稻大米要比当地品种的价格高出2 000阿里亚里/千克（0.6美元/千克）。相比种植当地水稻，种植15公顷杂交水稻一年收益就要多出12 600万阿里亚里（37 800美元）。种植杂交水稻以后，Andre发现种植杂交水稻收益可观，就扩大了种植杂交水稻的面积，现在，他不仅种植杂交水稻，还进行杂交水稻制种。

中国专家组指导马达加斯加农户维修拖拉机

Andre在采访中说："中国杂交水稻品种好、产量高、收益可观，中方专家技术水平高，杂交水稻产量有望达11吨/公顷以上。下一个季节，我会将所有水稻田全部种上杂交水稻。"

此外，为了提高马达加斯加农机具的使用，项目组安排了农机专业技术员，重点为马达加斯加农户讲授小型旋耕机、拖拉机、脱粒机、收割机、打米机、抽水泵、发电机的使用和维修技术。

（4）启示与经验

一是以粮食安全为本

在新冠疫情全球肆虐，许多非洲国家粮食进口面临困难的背景下，中马南南合作项目的实践证明，杂交水稻为马达加斯加粮食安全提供重要保障，为支持非洲应对粮食安全问题、实现联合国可持续发展目标中的"零饥饿"愿景增添信心。正如马达加斯加农业、畜牧业和渔业部长拉纳里韦卢（Fanomezantsoa Lucien Ranarivelo）在视察项目时所言："粮食安全对于一个国家至关重要。在新冠疫情全球大流行、很多国家粮食进口面临困难的背景下，杂交水稻为马达加斯加粮食安全提供重要保障。中国的杂交水稻帮助我们缓解了粮食问题。"

二是以需求为导向

中国—联合国粮农组织南南合作项目坚持以东道国需求为导向，关注东道国农业发展的实际问题，项目规划设计充分考虑东道国农业发展面临的问题和挑战，并结合东道国国家农业发展规划和中国农业发展的技术优势规划项目，以确保将中国先进实用的农业技术与东道国农业发展战略及优先发展领域紧密结合，排出技术援助的优先顺序，使中国农业技术成为东道国农业发展不可或缺的实用技术，实现合作共赢。

三是多双边统筹互促

积极发挥南南合作项目平台作用，统筹国际国内两个市场，利用好国际国内两种资源，做到整合资源，科学规划，合理布局，促进多双边农业合作稳步、有序地推进。2007—2012年湖南省农科院承担实施了援马达加斯加杂交水稻示范中心项目，2010年10月"袁氏马达加斯加农业发展有限公司"（简称袁氏马达）在马达加斯加注册成立。该公司在马达加斯加深耕多年，覆盖了杂交水稻育种、制种、种植、加工、销售全产业链，已成功研发3个适合当地种植的杂交水稻组合，并完成了政府审定注册程序，为提高马达加斯加杂交水稻生产能力做出了积极贡献。该项目在设计之初即考虑袁氏马达在马达加斯加推广杂交水稻的工作基础，并依托援马杂交水稻示范中心开展技术服务工作，极大地提升了技术援助效果。此外，在项目物资采购尚未到位的情况下，袁氏马达及时为专家组提供了杂交水稻种子和肥料，确保抓住生产季节及时开展农业生产试验示范活动，为项目的顺利开展提升了有力保障，促进中国农业技术援助效应的可持续性。

四是强化东道国职责

与以往的双边援助项目相比，联合国粮农组织框架下的南南合作是一种以联合国系统为平台的多边合作模式，涉及的利益相关方多，各方空间距离远，协调难度大。为加强各方参与，提升南南合作项目有效性，在项目三方协议中明确了各方职责，马达加斯加在接受项目提供的技术支持的同时，也为项目提供必要的配套资金和物资，同时解决好各类突发性事件，为中国专家组在马达加斯加开展工作提供良好保障。此外，中方、联合国粮农组织、马达加斯加各派出一名项目协调员，共同参与项目在实施中的管理和协调工作，建立了比较顺畅的多方合作机制，同时也提高了马方人员参与国际项目管理和实施的经验和能力，大力提升了南南合作的有效性。

第四章
中国农业对外投资实践

一、中国农业对外投资概况

截至2021年年底，共有810家境内企业在境外开展投资，设立了1 120家农业企业，覆盖全球六大洲117个国家及地区。投资存量总额为271.15亿美元。

（一）投资结构

在全球投资领域中，亚洲具有最大的份额。截至2021年年底，亚洲投资存量为116.98亿美元，占总投资的43.14%。欧洲和大洋洲的投资存量也相对较高，欧洲的投资存量为76.02亿美元，占28.04%；大洋洲的投资存量为38.30亿美元，占14.13%。非洲的投资存量为17.00亿美元，占6.27%。南美洲的投资存量为17.50亿美元，占6.45%；北美洲的投资存量为5.35亿美元，占1.97%（图4-1）。虽然非洲、南美洲和北美洲的投资存量相对较低，但仍然在全球范围内扮演着一定的角色。总体而言，亚洲、欧洲和大洋洲是全球投资的主要热点地区，而其他地区的投资存量相对较低。

中国对外农业投资主要集中在种植业，畜牧业、林业、渔业和农资产业等领域的投资存量相对较低，其他产业占据了一定比例。截至2021年年底，中国对外农业投资中，种植业的投资存量达到136.53亿美元，占总投资的50.35%。畜牧业的投资存量为43.19亿美元，占15.93%；林业的投资存量为16.94亿美元，占6.25%；渔业为14.76亿美元，占5.44%；农资产业为12.12亿美元，占4.47%。此外，其他产业的投资存量为47.62亿美元，占17.56%。

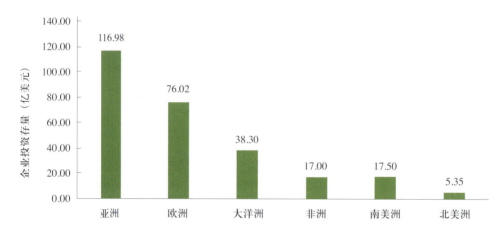

图4-1 2021年中国农业对外投资全球分布情况

（二）投资主体

在1 120家境外农业投资企业中，投资存量在200万美元以下的有483家，占比43.13%；投资存量在201万美元至500万美元之间的有181家，占比16.16%；投资存量在501万美元至1 000万美元之间的有169家，占比15.09%；投资存量在1 001万美元至2 000万美元之间的有122家，占比10.89%；投资存量在2 001万美元至5 000万美元之间的有86家，占比7.68%；投资存量在5 001万美元至1亿美元之间的有35家，占比3.13%；投资存量在1亿美元以上的有44家，占比3.93%。可以看出，境外农业投资企业以中小规模为主。

①本章主要数据和图表来源：农业农村部国际合作司、农业农村部对外经济合作中心，2023.中国农业对外投资合作分析报告(2022年·总篇) [R].北京：中国农业出版社.

同时，央企、国企和全国农/林业产业化国家重点龙头企业是境外农业企业的主要力量。在1 120家境外农业企业中，有243家由央企、国企和国家重点龙头企业设立，占比21.70%。它们的投资存量达到148.37亿美元，占总存量的54.72%。单个企业的平均投资存量为0.61亿美元，是其他类型企业的4.36倍。另外877家企业由其他类型企业设立，占比78.30%。其他类型企业的投资存量为122.78亿美元，占总存量的45.28%。

二、2021年中国农业对外投资区域分布情况

全球疫情的持续蔓延和地区冲突对中国的农业对外投资带来了许多风险和挑战。然而，总体来看，2021年中国的农业对外投资仍然比较活跃。

2021年，中国农业对外投资存量271.15亿美元。从区域来看，中国在亚洲、欧洲、大洋洲、非洲、南美洲和北美洲六个大洲均开展了投资，亚洲是投资的主要聚集区域，其次是欧洲。

截至2021年年底，在亚洲的投资存量为116.98亿美元，企业数量为609家，投资主要在印度尼西亚（22.62亿美元）；欧洲76.02亿美元，企业数量140家，投资主要在瑞士（54.04亿美元）；大洋洲38.30亿美元，企业数量89家，投资主要在澳大利亚（19.88亿美元）；非洲17.00亿美元，企业数量176家，投资主要在毛里塔尼亚（2.73亿美元）；南美洲17.50亿美元，企业数量36家，投资主要在巴西（13.93亿美元）；北美洲5.35亿美元，企业数量70家，投资主要在美国（2.30亿美元）。其他数据详见表4-1、表4-2。

表4-1　2021年中国农业对外投资区域分布情况

大洲名称	投资存量（亿美元）	占比（%）	企业数量（家）	占比（%）
亚洲	116.98	43.14	609	54.38
欧洲	76.02	28.04	140	12.50
大洋洲	38.30	14.13	89	7.95
非洲	17.00	6.27	176	15.71
南美洲	17.50	6.45	36	3.21
北美洲	5.35	1.97	70	6.25
总计	271.15	100.00	1 120	100.00

表4-2　2021年中国农业对外投资规模、区域和国别情况

区域	国家（地区）	投资存量（亿美元）
亚洲	印度尼西亚	22.62
	老挝	22.59
欧洲	瑞士	54.04
	法国	7.89
大洋洲	澳大利亚	19.88
	新西兰	15.75
非洲	毛里塔尼亚	2.73
	津巴布韦	1.50
南美洲	巴西	13.93
	阿根廷	1.46
北美洲	美国	2.30
	牙买加	1.76

注：因篇幅有限，且投资存量更能体现总体累计投资水平，本表仅显示各大洲投资存量前两位国家信息。

1. 中国在亚洲农业投资情况

截至2021年年底，中国对亚洲的投资存量为116.98亿美元。其中，种植业为45.52亿美元；畜牧业为20.98亿美元；林业为15.02亿美元；渔业为3.64亿美元；农资产业为8.89亿美元；其他产业为22.93亿美元。

2021年，中国在亚洲投资农业企业达609家。其中，涉及种植业的企业283家％；涉及畜牧业的43家；涉及林业的7家；涉及渔业的51家；涉及农资产业的47家；涉及其他产业的178家（表4-3）。

表4-3　2021年中国在亚洲农业投资产业分布情况

涉及产业类别	投资存量（亿美元）	占比（%）	企业数量（家）	占比（%）
种植业	45.52	38.91	283	46.47
畜牧业	20.98	17.93	43	7.06
林业	15.02	12.84	7	1.15
渔业	3.64	3.11	51	8.37

（续）

涉及产业类别	投资存量（亿美元）	占比（%）	企业数量（家）	占比（%）
农资产业	8.89	7.60	47	7.72
其他	22.93	19.60	178	29.23
总计	116.98	100.00	609	100.00

2. 中国在欧洲农业投资情况

截至2021年年底，中国对欧洲的投资存量为76.02亿美元。其中，种植业58.87亿美元；畜牧业7.48亿美元；林业0.15亿美元；渔业1.01亿美元；农资产业2.34亿美元；其他产业6.17亿美元。

2021年，中国在欧洲投资农业企业共140家。其中，涉及种植业的企业74家；涉及畜牧业的7家；涉及林业的3家；涉及渔业的6家；涉及农资产业的5家；涉及其他产业的45家（表4-4）。

表4-4　2021年中国在欧洲农业投资产业分布情况

涉及产业类别	投资存量（亿美元）	占比（%）	企业数量（家）	占比（%）
种植业	58.87	77.44	74	52.86
畜牧业	7.48	9.84	7	5.00
林业	0.15	0.20	3	2.16
渔业	1.01	1.33	6	4.29
农资产业	2.34	3.08	5	3.57
其他	6.17	8.12	45	32.14
总计	76.02	100.00	140	100.00

注：表内数据与上文数据有细微差别，为四舍五入导致，百分比总计也因原始数据原因呈现表内情况，非数据错误。

3. 中国在非洲农业投资情况

截至2021年年底，中国对非洲的农业投资存量为17.00亿美元。其中，种植业为6.35亿美元；畜牧业为0.31亿美元；林业为0.72亿美元；农资产业为0.40亿美元；渔业为6.22亿美元；其他产业为3.00亿美元。

截至2021年年底，中国在非洲投资农业企业176家。其中，涉及种植业的企业57家；涉及畜牧业的企业5家；涉及林业的企业10家；涉及渔业的企业58家；涉及农资产业的企业8家；涉及其他产业的企业38家（表4-5）。

表4-5　2021年中国在非洲农业投资产业分布情况

涉及产业类别	投资存量（亿美元）	占比（%）	企业数量（家）	占比（%）
种植业	6.35	37.35	57	32.39
畜牧业	0.31	1.82	5	2.84
林业	0.72	4.24	10	5.68
渔业	6.22	36.59	58	32.95
农资产业	0.40	2.35	8	4.55
其他	3.00	17.65	38	21.59
总计	17.00	100.00	176	100.00

4. 中国在大洋洲农业投资情况

2021年，中国在大洋洲的农业产业投资存量为38.30亿美元。其中，种植业10.11亿美元；畜牧业13.89亿美元；林业0.55亿美元；渔业2.30亿美元；其他产业11.45亿美元。

2021年，中国在大洋洲投资农业企业89家。其中，涉及种植业的企业20家；涉及畜牧业的31家；涉及林业的8家；涉及渔业的14家；涉及其他产业的16家（表4-6）。

表4-6　2021年中国在大洋洲农业投资产业分布情况

涉及产业类别	投资存量（亿美元）	占比（%）	企业数量（家）	占比（%）
种植业	10.11	26.40	20	22.47
畜牧业	13.89	36.27	31	34.83

（续）

涉及产业类别	投资存量（亿美元）	占比（%）	企业数量（家）	占比（%）
林业	0.55	1.44	8	8.99
渔业	2.30	6.00	14	15.73
其他	11.45	29.90	16	17.98
总计	38.30	100.00	89	100.00

5. 中国在南美洲农业投资情况

截至2021年年底，中国对南美洲的农业投资存量为17.50亿美元。其中，种植业为13.40亿美元；畜牧业为0.27亿美元；林业为0.29亿美元；渔业为1.32亿美元；农资产业为0.03亿美元；其他产业为2.19亿美元。

2021年，中国在南美洲投资成立农业企业共36家。涉及种植业的8家；涉及畜牧业的2家；涉及林业的1家；涉及渔业的14家；涉及农资产业的2家；涉及其他产业的9家（表4-7）。

表4-7 2021年中国在南美洲农业投资产业分布情况

涉及产业类别	投资存量（亿美元）	占比（%）	企业数量（家）	占比（%）
种植业	13.40	76.58	8	22.22
畜牧业	0.27	1.56	2	5.56
林业	0.29	1.66	1	2.78
渔业	1.32	7.52	14	38.89
农资产业	0.03	0.17	2	5.56
其他	2.19	12.51	9	25.00
总计	17.50	100.00	36	100.00

6. 中国在北美洲农业投资情况

截至2021年年底，中国对北美洲的农业投资存量为5.35亿美元。其中，种植业2.28亿美元；畜牧业0.26亿美元；林业0.21亿美元；渔业0.27亿美元；农资产业0.46亿美元；其他产业1.87亿美元。

2021年，中国在北美洲投资农业企业共70家。其中，涉及种植业的企业17家；涉及畜牧业的5家；涉及林业的3家；涉及渔业的6家；涉及农资产业的7家；涉及其他产业的32家（表4-8）。

表4-8 2021年中国在北美洲农业投资产业分布情况

涉及产业类别	投资存量（亿美元）	占比（%）	企业数量（家）	占比（%）
种植业	2.28	42.62	17	24.29
畜牧业	0.26	4.86	5	7.14
林业	0.21	3.93	3	4.29
渔业	0.27	5.05	6	8.57
农资产业	0.46	8.60	7	10.00
其他	1.87	34.95	32	45.71
总计	5.35	100.00	70	100.00

三、中国对外农业投资平台案例分析

1. 中国—苏丹农业合作开发区发展历程

2016年11月，中国农业部发布了《农业对外合作"两区"建设方案》，并在2017年确定了10个境外园区作为首批境外农业合作示范区建设试点。近几年来，境外农业合作示范区在产业链建设和包容性发展等方面取得了积极进展。中国-苏丹农业合作开发区作为其典型代表，由中国山东国际经济技术合作有限公司（简称"山东外经"）组织实施。山东外经是山东省最大的国有企业山东高速集团的全资子公司，是该集团走向国际市场的重要平台和窗口，主要业务包括境外投资和国际承包工程等领域。依托承担援助苏丹农业技术示范中心项目的基础，山东外经在苏丹成立了新纪元产业园经营有限公司，建立了中国-苏丹农业合作开发区，涵盖科研、种植、加工、深加工等全产业链。

（1）经济援助项目　援苏丹农业技术示范中心项目

该项目由山东外经与山东省农科院联合承担，是中非合作论坛北京峰会援非8项举措项下的项目之一。该项目于2009年9月正式开工兴建，2011年3月竣工，6月完成对外移交。

（2）海外农业投资　新纪元产业园经营有限公司

该公司依托援苏丹农业技术示范中心的科研成果，以棉花全产业链投资作为公司在海外大农业开发的突破口进行试验。2020年，新纪元农业发展有限公司进行了产业结构调整，并更名为"新纪元产业园经营有限公司"（以下简称"新纪元公司"）。

（3）产业园区项目　中国—苏丹农业合作开发区项目

该项目于2016年9月23日正式启动。开发区立足于苏丹传统农业资源，搭建中苏农业资源利用合作公共服务平台，实现棉花、蓖麻、花生等农作物规模化种植以及畜牧业发展，开展农业全产业链经营。2017年8月，中国—苏丹农业合作开发区被认定为首批境外农业合作示范区建设试点；2019年12月，中国—苏丹农业合作开发区入选山东省境外经贸合作区。2019年中国与苏丹建交60周年之际，中国驻苏丹使馆评选出中苏建交60周年两国合作具有代表意义的"十件大事"，中国—苏丹农业合作建立开发区被列入其中[①]。

2.中国—苏丹农业合作开发区的实践经验

中国—苏丹农业合作开发区在苏丹长期致力于社会经济发展和农业资源的利用，通过创新发展模式，持续推动项目建设，积极履行社会责任。

（1）创新发展模式，开展全产业链经营

新纪元公司通过"公司＋灌区＋农户"的方式，整合当地土地资源，发展合作种植和订单农业，以出口加工为主的纺织园区为龙头，带动上游的种植和研发，提升当地农产品附加值，打造境外农业全产业链，带动中国农业机械、农资、农产品加工设备"走出去"。新纪元公司在当地建立了4万亩棉花良种繁育基地，购置农机设备，从土地整理备播、播种、田间管理到收

---

① 中国—苏丹农业合作开发区（2023年6月5日）http://commerce.shandong.gov.cn/art/2023/6/5/art_92318_10324659.html。

获，全程实现机械化。已建成投产皮棉轧花厂3座，年生产加工皮棉可达5万吨。此外，公司建设了剥绒车间、农机维修车间、仓储区、生活区、办公区和种植营地等配套设施，开展棉花种植加工配套服务、农资贸易、农机服务等多种经营。

（2）增大科研投入，提供技术支撑

开发区每年不断提高科研资金的投入，积极引进外部技术，整合国内外的科研力量。与此同时，开发区与中国多家农业科研单位合作，派遣了多批次的专家到现场进行科研工作，并加强与苏丹农业部、生物安全委员会、农科院等相关部门的合作，共同培育和引进适合当地的农作物品种。新纪元公司与山东省农业科学院合作实施的中国援苏丹农业技术示范中心，帮助苏丹政府完善了作物品种的安全评价体系，多个作物新品种通过了苏丹国家的审定，而研发的棉花品种"中国1号"及其栽培技术也在苏丹得到了推广和应用。

（3）回馈当地社会，履行社会责任

新纪元产业园经营有限公司在苏丹农业合作开发区的发展既取得了经济效益，也注重回馈当地社会，兼顾经济效益和社会效益。该公司从2015年开始在当地进行对外收购籽棉业务，极大调动了当地农户种植棉花的积极性，棉花收购价格逐年增高，合作农户收益逐年增加。开发区棉花种植每年能够带动当地十几个村、2 500余家农户致富，解决30 000余人的就业问题。该项目被世界粮食计划署列为非洲人为非洲人做示范项目（DAA）试点。同时，新纪元公司也积极履行社会责任，在当地开展了海外公益活动，着力改善当地的基础设施建设，例如修建学校、医院等公益事业，并因此荣获中国驻苏丹使馆颁发的"2019—2020年度在苏中资机构履行社会责任突出贡献奖"。

第五章
中国农业国际合作的经验

回顾中国70余年来开展农业国际合作的主要历程，其中取得了不少受到国际社会广泛认可的成就，中国农业全面深化改革，不断扩大对外开放，开展互利共赢合作，为世界农业发展和粮食安全做出了重要贡献。总结中国开展农业国际合作的主要经验，有助于国际社会了解中国，有助于更好地促进全球农业合作有序发展。

一、中国农业国际合作的普遍性经验

（一）从国家层面不断完善农业对外合作机制

中国农业国际合作取得的突出成就，首先源于国家层面在宏观战略、原则和政策等方面的持续优化调整，从而构筑起农业对外合作的有效机制。中国在农业投资与贸易不断发展，农业科技合作持续深化，农业对外援助不断扩大等背景下，正以更加积极主动姿态参与农业全球治理，国际影响力和软实力显著提升。农业对外合作是农业历史发展阶段的一种必然选择。

（二）农业投资与贸易成为带动农业国际合作的重要抓手

中国在农业国际合作中取得的诸多成功不仅源于本国经济社会的快速发展，也与改革开放以来长期重视农业投资和贸易密切相关。通过贸易与投资活动，逐步打造农业对外合作新格局，助力国内农业供给侧结构性改革，促进农业产业转型升级。通过实施一批重大联合项目，加强在绿色农业、有机农业、食品营养等方面的合作，引进了大量的农业种质资源、技术、农机装备、管理经验和智力资源，缩小了中国农业科技与国际先进水平的差距，提高了农业生产效益，促进了农业绿色发展，为推动产业升级奠定了基础。例如，"十三五"期间中国的农业对外投资快速增长，投资区域逐步向"一带一路"沿线国家聚集，初步形成了行业类别齐全、重点区域突出、投资主体多元格局，且逐步向全产业链延伸。截至2022年11月，中国农业对外投资存量达到302亿美元，在全球100多个国家和地区设立农林牧渔类境外企业1 000多家，解决当地就业18万人，具有独资、合资、合作、国营、民营等多种投资模式和经营主体，覆盖种植、养殖、捕捞、加工、农机、农资、种业和物流等各产业链，包括粮食、畜禽、水产、经济作物和饲草饲料等各类产品。

（三）国家层面注重国际农业科技合作

在中国农业发展过程中，通过国际交流与合作引进国外技术、管理经验及农业种质资源是有效推进科技进步的重要手段，同时促使中国的农业综合实力有效提升，并带动农业贸易投资、对外援助等发展。首先，中国与有关国家和地区、国际组织开展了一系列对外科技交流与合作工作。仅"十三五"期间，中国便与52个国家和地区签署了农业科技合作、种质资源交换等协议109份，与150余个国家和地区建立农业科技合作关系，与美国、加拿大、德国、法国、日本等60多个国家建立了双边农业科技对话机制；与联合国粮食及农业组织、世界动物卫生组织、国际应用生物科学中心、国际农业研究磋商组织等国际组织机构的合作进一步加强，针对非洲猪瘟、草地贪夜蛾等重大动植物疫病，邀请国际知名专家会诊，探索农业国际交流合作新模式；积极参与二十国集团（G20）农业首席科学家会议、亚太经合组织（APEC）农业技术合作工作组等机制工作。其次，中国积极搭建农业科技合作平台，农业科技协同创新水平有效提升。截至2019年年底，支持共建联合实验室或联合研究中心100多个，世界卫生组织、联合国粮食及农业组织、世界动物卫生组织等在中国认证了22个国际参考实验室（中心），共享农业科技经验和成果，促进国内农业科技自主创新，有效提升了中国与国际优势力量的协同创新水平。此外，中国还积极围绕保障国家粮食安全和产品供给，强化技术引进，为农业现代化建设提供有力支撑；围绕服务现代农业发展，引进一批高新技术和装备，与包括发展中国家在内的诸多国家开展农业机械设备研发、制造等合作。此类措施不仅带动本国农业进步和发展，也为中国农业对外援助、发展合作奠定更加坚实的基础。

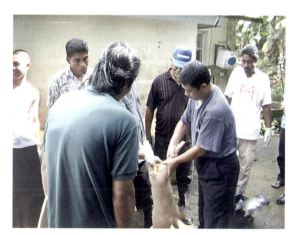

中国专家现场示范生猪阉割技术

（四）高度重视人才培养和交流

中国农业的发展是多方面因素综合作用的结果，也源于长期以来重视人才培养和交流。中国政府强调农业科技创新是促进农业高效发展、推动农业农村现代化的根本动力，开展务实的国际合作和人才交流有利于农业创新理念、先进技术、成功经验在更大范围内产生积极效果，中国积极向国外引进高层次农业专家。例如，2016—2020年，依托国家外国专家局引智专项，在重大动物疾病防控、农产品质量安全、农业资源环境保护与污染治理、遗传育种等领域，引进300多位外国专家来华工作；同时，设立特聘专家、客座专家、特聘院士等岗位，全国农科院系统单位累计引进外国科学家超过600人次，其中有7名外国专家获得"中国政府友谊奖"；引进的国外知名专家，将国外先进遥感监测技术本土化，在农业资源大数据的高效管理与互操作技术、作物空间分布制图关键技术等方面取得了重大突破。同时，中国还注重推动本国人才到海外学习交流，通过选派骨干人才出国（境）培训和访学研修，选派育种杰出人才去国外学习等方式，促进本国人才更加具备国际化发展交流的经验，主要学习领域涉及智慧农业、设施农业、循环农业、智能农机、水产养殖、作物种植、粮食加工、病虫害防治等，是中国开展农业发展合作和农业对外援助的方向之一，即注重"授人以渔"，为受援国提供物资和技术支持的同时强化人才培养。

（五）推动建立更为公平合理的农业国际规则

国际规则是国际合作的基础，中国在农业国际合作中积极推动国际规则变革和完善，从而促使既定规则体系更加公平合理。一方面，中国以诸多实际行动践行国际规则，通过国内立法和完善相关政策等方式，促使国际规则国内化，从而在宏观层面保障本国遵守相关规则。例如，中国加入WTO以后对国内政策法规进行了大规模的调整和修改，仅中央层面修改的法律法规和部门规章就超过2 000件，而地方政府清理的相关政策法规则超过19万件，促使中国现行政策法规完全符合WTO相关规则的要求。另一方面，在以诸多实际行动遵守和落实农业国际规则的同时，通过担任相关委员会主席国、与广大发展中国家协同合作、承办重要国际会议等方式，中国以更为主动和更具代表性的身份积极参与对既定国际规则的修订和完善等工作，并支持建立更多公平、合理和富有成效的新规则。例如，中国积极履行《生物多样性公约》，发挥畜禽遗传资源大国优势，参与畜禽遗传资源保护与开发利用领域相关国际规则制定。现行农业国际规则仍然不够完善，特别是在涉及国际贸易壁垒相关问题方面存在的问题比较突出，而中国正以更为主动的姿态参与完善相关规则。

（六）多角度开展农业领域发展合作

在积极应对本国农业农村发展问题的同时，中国基于全球发展视角而不断丰富和完善农业国际合作实践，在消除贫困、应对全球粮食安全问题、促进发展中国家农业发展、优化农业投资和贸易等诸多领域，都取得了一定成绩，而中国重视农业领域的国际发展合作并探索了不少成功实践，既是农业国际合作的重要组成部分，也是重要经验。

首先，中国的农业国际合作以减贫和保障粮食安全为重要突破口。目前全球农业发展面临的两大关键挑战是减贫和粮食安全问题，而中国在应对和解决本国相关问题的同时，不断探索以更加多元化的方式助力全球减贫行动，推动广大发展中国家提升农业发展能力和改善粮食安全状况。特别是"一带一路"倡议提出以来，结合沿线广大发展中国家的切实需求，中国开展了诸多治理实践，有效推动全球农业治理发展。中国政府通过对外援助、举办高层次论坛、分享适于小农户使用的先进农业技术等方式与沿线各国开展有针对性的多双边合作。近10年来，中国更加注重向非洲、亚洲和拉丁美洲等地区的发展中国家提供农业发展相关援助，并与相关国家形成减贫议程的政策和实践路径。例如，在2017年首届"一带一路"国际合作高峰论坛上，习近平主席宣布未来3年内向沿线发展中国家提供不少于600亿元人民币援助用于民生项目建设；提供20亿元人民币紧急粮食援助；实施100个"爱心助困"项目；向沿线国家提供100个食品等难民援助项目。

其次，中国注重以基础设施建设促进农业发展。对于很多发展中国家来说，农业基础设施落后是制约农业发展的关键因素之一，中国在对外援助实践中注重强化基础设施建设。首届"一带一路"国际合作高峰论坛成果中包含多项基础设施合作内容，如中国国家开发银行设立"一带一路"基础设施专项贷款（1 000亿元等值人民币）、中国进出口银行设立"一带一路"基础设施专项贷款额度（300亿元等值人民币）等，从而为支持沿线国家农业基础设施建设提供更加坚实的资金保障。2013—2018年，中国通过援建方式在亚洲、非洲的发展中国家完成成套项目423个，重点集中于基础设施、农业等领域，其中农业技术示范中心5个，农田水利成套项目2个，农业加工项目6个，其他农业项目6个，各类型项目的实施促使合作方式不断创新，合作效果显著提升。

最后，中国不断强化对受援国的农业技术支持，以期达到"授人以渔"的目标。中国结合过去近70年对外援助与农业技术合作的经验，不断调整合作政策和方式，充分发挥高校、科研院所、农业相关企业等不同主体的优势，通过合作建设农业科技示范园，开展科研院所技术合作，举办技术官员和管理人员培训班等多种方式，力求结合相关国家的实际情况开展合作。党的十八大以来，围绕发展中国家需要，中国共向埃塞俄比亚等37个国家派遣农业专家组78个、773人次；与联合国粮农组织在亚非"一带一路"参与国的60多个项目点，开展了300多项农业技术试验示范，传授实用农业技术近500项，引进试种作物品种300多个，约100万农民从中获益，受到当地政府和民众的欢迎，在国际社会赢得广泛赞誉。

二、中国开展农业南南合作的主要经验

作为全球农业南南合作的重要参与力量，中国在过去数十年的合作实践中逐步摸索出一套行之有效的合作方式，并且不断结合国际格局适时调整，从而不断推动农业南南合作取得更多实质性成果。

（一）充分发挥联合国粮农组织和东道国的作用

项目的立项过程和联合国粮农组织以及东道国进行了深入细致的协商和讨论，并且充分尊重东道国的意愿和需求，在东道国做出了必要的项目支持承诺后派遣相关农业专家。在项目准备阶段，先由东道国政府根据本国的农业发展需求拟订项目概念书，其项目概念书得到联合国粮农组织和合作国（中国）政府原则认可之后，联合国粮农组织与合作国一起派出联合规划考察专家组，赴东道国与当地的专家共同拟定南南合作项目规划书及三方协议书。具体工作内容主要包括：①识别项目地区的农业发展情况，选定项目点。②根据东道国国家/区域粮食安全计划或国家农业发展计划确定技术领域及项目活动，包括各专业技术领域专家和技术员的数量、工作地点及进驻项目点的时间安排等。③编制专家和技术员的职责范围及工作目标，编制能

力建设培训计划，识别合作机构、后勤支持和医疗设施等其他安排。④编制项目资金预算和三方协议书等项目文件草案。⑤南南合作项目专家和技术员依据项目规划书、三方协议书及各自的职责范围与东道国合作伙伴一起设计、申报技术推广项目，各合作方允许或鼓励专家和技术员根据当地农民及农业发展的实际需要，因地制宜开展技术推广工作。

（二）选派高水平农业技术专家

南南合作专家选派具有很强的技术针对性，要求专家实践工作经验丰富，能快速适应东道国的生活和生产。例如，针对109位中国外派农业技术专家的调查发现，他们的年龄分布在30～59岁，其中，30～39岁的专家占24.1%，40～49岁的专家占64.8%；50～59岁的专家占11.1%，并且大多具有在发展中国家开展农业技术合作的经验。可见，援非农业专家多数参加工作年限较长，并且年富力壮，有着相对丰富的工作经验。在援非农业专家中，超过75%为大学本科及以上学历，援非农业专家的整体受教育程度较高，拥有较高的学历水平。援非农业专家来自全国各地众多相关单位机构。援非农业专家外派执行任务前多来自基层部门，其中，75%的专家派驻前在县级部门工作，20%的专家派驻前在地级/市级部门工作，5%的专家派驻前在省级部门工作。基层部门的工作经验非常有利于在援非农业项目的实地开展，有利于在非洲不同地区开展农业技术推广服务。从援非农业专家派驻前所在单位的性质来看，来自政府及相关公共部门的专家占很大比例。具体来看，55%的专家派驻前来自行政单位及下属事业单位，36%的专家派驻前来自农业推广机构，6%的专家派驻前来自科研机构，1%的专家派驻前来自企业，2%的专家派驻前来自其他类型的单位。援非农业专家的专业技术类型及级别较为多样化。从级别来看，以高级、副高级职称为主，也有中级与初级职称，这说明各个选派机构在挑选农业援外专家时是非常认真和慎重的，多选派的是本机构高级农业技术人员，从而保证了农业援外专家队伍的整体素质。从专业技术类型来看，涉及畜牧、农艺、兽医、农机/机械、渔业/水产、水利、农经、农技推广等众多领域；从农业专家技术背景来看，农业技术专家基本符合非洲国家农业技术发展的需求。

（三）选用适合东道国实际情况的农业技术

南南合作项目均选在合作国或其他发展中国家被证明经济实用、易学易懂，适合东道国的发展国情而且能够可持续的应用农业技术。例如，种植业方面，南南合作专家在利比里亚推广水稻旱育抛秧技术，使劳动效率提高了5倍；在塞内加尔北部重要粮食作物产区达加纳（Dagana），中国专家选用当地主推的常规水稻品种"Sahel134"进行高产栽培配套技术示范，每公顷产量突破了10吨，比对照田增产了百分之百以上；在乌干达示范的张杂谷8号等中国谷子品种，每公顷产量6.27吨，是当地手指谷产量的3倍，生长期缩短了1/4，从而有效避开了旱季的不利天气。畜牧生产方面，在蒙古国、马拉维、塞内加尔、乌干达、埃塞俄比亚和利比里亚等国家，中国"南南合作"项目推广的畜牧技术主要集中在品种改良、饲料生产、疾病防控和集约化管理等方面。如在利比里亚，通过简单的生猪阉割技术，猪出栏重量由原来的6个月25千克增加到目前的90千克，增产260%，生产成本降低30%，每头猪多增加收入200多美元。中国南南合作项目将罗非鱼和鲇鱼养殖技术推广到马拉维、马里、塞内加尔、尼日利亚、利比里亚和乌干达。中国水产专家和技术员向当地农户和机构传授鱼苗孵化、鱼饲料加工、鱼苗运输、鱼塘管理和疾病防控等技术，降低了生产成本，提高了当地技术人员和农民的水产养殖技术，改变了当地落后的饲养方式，水产养殖产量大幅度提高。在园艺生产方面，中国专家和技术员向当地农户介绍在粮食作物生产期间间种蔬菜的技术，在短时间内使得农民获得额外的收入。在蒙古国，采用能够抵御强风的中国北方太阳能温室大棚和温室蔬菜栽培技术，蔬菜生产时间由原来的5个月延长到了全年，蔬菜的品种和产量都得到了增加，推广面积超过60 000平方米。蒙古国政府还专门出台了促进大棚蔬菜生产的有关政策。在乌干达，果农学习了中国专家传授的苹果整枝和套袋技术，苹果的优果率从60%上升到85%，产量翻番。南南合作项目还在灌溉、农产品质量安全、农机具、加工和储藏以及农村能源等领域为东道国提供技术支持，修缮水利设施、开展节水灌溉和土壤改良等技术的培训。中国南南合作项目共为东道国设计、引进了188种农机农具，其中既有从中国引进的农业生产和加工设备，也有在当地制作的简易农具。例如，中国专家在马拉维设计制作的简易拔棉秆器因深受农民欢迎而在全国推广；在马里设计制作的350件简易玉米脱粒板，脱粒效率提高了10倍，深受当地农民的喜爱；在埃塞俄比亚设计制造的玉米脱粒机和移苗器，高效实用，受到当地农民的欢迎，并有望批量生产。

园艺技术员刘征给塞内加尔农户示范有机肥发酵盖膜前覆土

塞内加尔项目专家与当地农民见证示范田水稻丰收

（四）合理设置项目周期以提高有效性

南南合作农业专家的派遣周期一般为 2～3 年，强调和农业生产周期的结合，保证了从调研、生产试验到示范推广不同阶段足够的工作时间。南南合作农业专家到达东道国以后，虽然行前已经通过培训了解了东道国农业发展的基本情况，但是东道国各个地区的农业发展有很大的差异，南南合作专家需要一定的时间去了解具体工作区域的农业发展水平、当地农民生产习惯和农事系统以及真正的技术要求。南南农业合作专家派遣周期的确定对项目效果的影响十分重要，保证农业生产整套技术能够完全传授给当地农民与合作伙伴，使他们能够完全掌握和独立运用所传授的知识技术。

（五）通过专业化培训提高援外专家综合能力

南南合作项目为派出专家提供了系统的行前培训。总体上，南南合作项目援非农业专家在通过选拔后，都会接受较长时间的相关培训，为赴外执行援助任务做好准备。援非农业专家在派出前接受的培训内容丰富且多样，其中，外语是最普遍且重要的培训内容，在本研究统计的累计185次培训中，87%的培训都包含外语培训，并且外语培训是所有内容中安排培训时间最长的一项。从培训内容安排来看，基本符合援外农业专家所需要具备的知识，外语培训内容所占比重大，也符合当前我国农业援外专家的技术水平结构。培训形式上，有授课、讲座、小组讨论与展示、经验交流、专题讨论等多种，每次培训采用一种或多种形式。培训形式的安排中，授课这一项所占用的培训时间最多。给援非农业专家开展培训的人员来自众多领域，大多数培训人员都具有与非洲工作相关的背景和知识，主要包括农业科研机构的高级专家、外交部门的工作人员、外语教师、相关国家驻华外交官、东道国当地的技术人员和政府官员等。参与过培训的援非农业专家对培训的评价总体较高，通过专业化的培训，可以更好地满足援外专家的实际工作需要，提供必要的信息和专业技术支撑，强化技术专家对东道国农业发展状况和整体经济社会状况的了解程度，促进农业合作能够更具针对性和实践性。

第六章

结　论

　　70余年来，中国的农业国际合作在曲折中持续变革和发展，不断取得新的突破和成就，在解决自身贫困问题并多维度保障本国粮食安全的基础上，逐步构建起贸易与投资并重、"引进来"和"走出去"相结合、"授人以鱼"和"授人以渔"相协调、注重农业科技和人才培养的农业国际合作基本体系。从"高层互访推动农业合作"到"主动参与全球资源配置"，从"积极参与国际标准规则制定"到"成功举办世界性农业会议"，从"南南合作"到"全球治理"，农业国际交流合作达到了前所未有的深度、广度、速度和力度，在有效促进本国经济社会发展的同时，也为解决全球性粮食安全问题，消除绝对贫困，提升全球治理有效性，推动实现联合国可持续发展目标做出了发展中大国应有的贡献。面对百年未有之大变局，作为崛起中的大国，中国在农业国际合作中不断克服各类阻力，结合国际国内形势适时调整和完善相关战略、目标、政策等，推动各项合作内容取得更大突破，推动农业对外合作长足发展。

（一）不断强化减贫与粮食安全等领域的国际合作

当前，以可持续发展目标为代表的全球性发展目标实现进程缓慢，其中关于消除贫困和饥饿这两大问题的具体指标落实进程令人担忧。而中国政府长期以来十分重视解决贫困问题和保障本国粮食安全，中国在减贫和粮食安全领域取得的成就可谓举世瞩目且受到越来越多国家和国际组织的认同，这也是在农业国际合作中发挥影响力的重要发力点。

面对复杂多变的国际格局以及当前全球农业发展面临的诸多挑战，中国不断强化在减贫和粮食安全领域的国际合作，通过将中国经验和中国做法向包括"一带一路"沿线国家在内的广大发展中国家传播，创新更加多元的合作方式和合作手段，推动更多全球性农业发展问题得到有效应对。一方面，中国致力于总结好自身减贫的成功经验，在不干涉他国内政和独立自主的基础上，通过多边合作、三方合作、双边合作等不同渠道向其他国家提供发展经验和资金、技术、基础设施、投资与贸易等方面的发展援助与合作，逐步构建起具有中国特色且实际效果能够持续的减贫国际合作路径。另一方面，在坚决保障好本国粮食安全的基础上，积极探索粮食安全及相关领域的国际合作，不仅是向面临粮食安全问题的发展中国家提供必要的援助和发展合作，同时推动国际社会共同行动，以更为合理的粮食生产、贸易、运输、储备等机制来实现消除饥饿。全球农业发展问题之间存在千丝万缕的联系，中国正在以有效应对贫困和饥饿问题为基础，逐步拓展至国际农产品贸易规则优化调整、全球粮农治理相关国际组织改革、气候变化应对和可持续农业发展等诸多方面，从而促使更多的全球性农业发展问题受到关注并加以解决。

（二）发挥农业经贸合作与科技合作的积极作用

在全球经济发展乏力，国际局势复杂变化的当前，中国正以更加开放的心态广泛开展农业投资和贸易活动，现已成为全球第二大农产品贸易国，拥有最具潜力和活力的农产品市场，农业投资与贸易在促进本国经济社会发展的同时也给相关国家带来福利效应，推动全球农业发展。其一，中国在农业投资和贸易过程中遵守主流国际规则。自2001年加入世贸组织以来，中国以实际行动履行在农业领域所做出的重大承诺，将农产品关税水平降至15.2%，不仅低于印度等发展中国家，也远低于日本、挪威等发达国家，仅为世界平均水平的1/4；尤其是在出口补贴方面，中国农业的开放大大领先于多边规则制定，加入世贸组织时即承诺取消农产品出口补贴，而世贸组织直至2015年内罗毕部长级会议，才达成所有成员取消农业出口补贴的决议。在履行承诺过程中，我国还全面梳理和修订了大量涉农法律法规，使其适应世贸规则和发展需要。其二，中国在农业投资和贸易过程中注重优化市场环境。结合全球发展状况和本国实际情况，有序扩大农产品和农业投资市场准入，引进更多满足人民美好生活需要的农产品、农业生产要素和先进经验模式，促使本国农业发展水平得到提升，也带动相关国家的农业出口和发展，不断探索以"一带一路"农业合作为重点，扩大双向开放，促进中国优势产能走出去，开展高水平的农业对外投资，提高资源配置效率，推动各类生产要素的自由流动，充分发挥比较优势，促进本国产业发展，增进世界人民的福祉。同时，积极促进贸易条件更加便利，加强与农业贸易伙伴国关于技术性贸易措施的协调，着力推动非关税措施和技术标准互认，使农产品和农业生产要素的流动更加顺畅。制定农业贸易促进中长期规划，完善农业贸易公共服务系统，促进贸易发展更加协同。

诸多举措促使中国农产品市场规模巨大、潜力巨大的优势得到发挥，在为世界农业提供增长空间的同时，推动农业领域的双向投资，扩大农业服务贸易，使农业经贸合作与科技合作更加平衡。中国逐步放宽在境内设立国际组织分支机构等的限制，同时也向国际社会特别是发展中国家派遣了大量技术专家，打造更多国际合作创新平台。不断发挥中国在农业特定方面的技术优势，重点办好中国境外农业科技试验示范园区，加强经费支持和当地人才培养，通过"传帮带"，促进中国先进实用农业技术在海外落地生根发芽，提升所在国农业发展和科技进步水平。

（三）持续提升中国在农业南南合作方面的作用

南南合作是发展中国家联合自强的伟大创举，中国是最早参与南南合作的国家之一，中国在减贫、粮食安全、医疗卫生等领域不断深化南南合作，积极促进发展中国家共同发展，南南合作已经成为中国对外援助的关键组成部分之一。而农业南南合作也在数十年发展变化过程中不断优化完善，逐步成为中国农业国际合作的一个"品牌项目"，中国正在通过更为务实有效的做法，促使南南合作的优势得到更好的彰显，形成更好的发展合作格局。

第一，中国不断优化和做好综合性和整体性的农业南南合作规划，进一步明确中国与联合国粮农组织等国际组织和其他发达国家间开展南南合作计划的使命、目标、优先国家和领域等宏观战略性要素，增强不同项目活动之间的关联度和对整体目标的贡献，形成系统性的合作方案。第二，在总结已有项目的成功经验的基础上制定南南合作规划，深入分析和研究可持续发展目标等全球发展战略、发展中国家的农业发展规划和文件、中国农业国际合作的战略需求等背景资料，从中诊断和识别出中国未来在农业南南合作方面可以进一步发挥作用的空间。第三，探索强化与"一带一路"倡议和全球发展倡议等的结合，发挥与沿线国家在农业贸易、投资、科技交流等方面合作的基础上，为相关国家农业发展提供力所能及的援助，尤其是中国的周边国家，包括中亚、东盟以及南亚的部分国家，充分利用中国和周边国家之间在文化、农业发展条件、互联互通、语言等方面的优势，提升南南合作的效果。第四，以往南南合作项目和企业、农民组织合作尝试的成功，对于未来南南合作主体的扩展提供了思路。中国的南南合作项目在继续保持和东道国的政府部门合作的同时，开始关注在东道国寻找其他合适的合作伙伴，扩展南南合作项目的合作主体，如东道国的非政府组织、农民专业协会、科研机构、农业企业等部门合作，创新农业南南合作模式。

随着农业南南合作的不断发展与完善，中国将本国在消除绝对贫困、保障粮食安全、实现农业稳步发展等方面所积累的经验与广大发展中国家进行有效分享，促使全球性农业发展问题得到更多关注，并助推全球农业治理有序变革和良性发展。

参考文献

柏娜,范松梅,刘晴,2021.新形势下我国农业的对外援助[J].农业经济(9):6-8.

韩振国,2021.受援国因素对中国对外农业援助方式选择的影响:基于Aiddata数据库中国农业援助数据的分析[J].世界农业(6):72-80.

韩振国,徐秀丽,贾子钰,2018."一带一路"倡议下我国对外农业合作空间格局的探索[J].经济问题探索(7):98-104.

胡冰川,2020."十四五"农业国际合作若干重大问题前瞻[J].农业经济问题(10):103-112.

李镇卿,戈福元,信乃诠,等,1981.赴南斯拉夫考察农业科研管理的报告[J].黑龙江农业科学(3):54-58.

林冬梅,郑金贵,2022.中国农业技术对外援助可持续发展:内涵、分析框架与评价[J].海南大学学报(人文社会科学版),40(1):107-116.

农业农村部国际合作司、农业农村部对外经济合作中心,2023.中国农业对外投资合作分析报告(2022年·总篇)[R].北京:中国农业出版社.

彭瑶,2022.保供固安全、振兴畅循环:加快培育农业国际合作和竞争新优势:农业农村部国际合作司负责人就《"十四五"农业农村国际合作规划》答记者问(二)[J].世界农业(4):133.

蒲仕明,2021."农业国际合作需要坚持战略定力":专访中国社会科学院农村发展研究所农产品贸易与政策研究室主任、中国国外农业经济研究会秘书长胡冰川[J].乡村振兴(5):48-49.

蒲仕明,2021.一带一路:农业国际合作的新趋势[J].今日中国,70(7):74-76.

唐丽霞，赵文杰，李小云，2020. 中非合作论坛框架下中非农业合作的新发展与新挑战 [J]. 西亚非洲 (5)：3-20.

唐盛尧，1996. 第4届中国国际农业新技术博览会和国际投资与贸易洽谈会 [J]. 世界农业 (8)：53.

汪懋华，1989. 加强国际交流开拓中国农业工程科技工作新局面 [J]. 农业工程学报 (3)：8-11.

王浩祯，2021."一带一路"下农业国际合作的集聚发展方向 [J]. 中国外资 (12)：42-43.

王永春，李洪涛，汤敏，等，2021. 基于多视角群组划分"一带一路"沿线重要节点国家农业合作研究 [J]. 中国农业资源与区划，42 (4)：160-170.

徐海俊，武戈，戴越，2016."一带一路"建设与农业国际合作：开放共享中的农业转型——中国国外农业经济研究会2015年学术研讨会综述 [J]. 中国农村经济 (4)：91-95.

徐秀丽，李小云，2020. 平行经验分享：中国对非援助理论的探索性构建 [J]. 世界经济与政治 (11)：117-135.

于浩淼，杨易，徐秀丽，2019. 论中国在全球农业治理中的角色 [J]. 中国农业大学学报 (社会科学版)，36 (1)：101-110.

于建春，2020."一带一路"农业国际合作背景下我国农产品对外贸易战略导向研究 [J]. 农业经济 (3)：126-128.

张晋楚，张启明，2020."一带一路"农业国际合作背景下我国跨国农业企业集团建设的基本取向研究 [J]. 农业经济 (2)：129-131.

周毅仁，1995. 促进澜沧江—湄公河边境区域的国际合作 [J]. 地域研究与开发 (4)：22-26.